爱和陪伴

一本会呼吸的亲子教养书！

雪宁◎著

中国妇女出版社

LOVE
&
ACCOMPANY

有声推荐*

张　东（东子）　“金话筒主持人”，中央人民广播电台、北京电视台《食全食美》主持人

扫码听他们怎样读这本书

在平常的生活中，有很多亲子烦恼陪伴着我，比如，孩子不吃饭怎么办、不想去上学怎么办、想干和这个年龄不符的事怎么办，等等。每次遇到这些挠头的问题，我就想，如果我有一把万能的钥匙就好了。谁能告诉我这些问题的答案？今天，我们可以找到答案，那就是这本《爱和陪伴》。陪伴孩子，是每一位父母一生中最难忘的时光，所以请珍惜你和孩子一起度过的时间，好好看看这本书。

董　乐　中央人民广播电台《睡前故事》主播

雪宁是我的好朋友，她是一位心思缜密的妈妈，至今我还珍藏着她一针一线亲手做的便当袋，我是希望通过这个袋子来提醒自己，要像她一样，有力量地去爱和陪伴我们的孩子。祝贺雪宁！

新　月　“金话筒主持人”，湖北武汉青少广播《新月读书会》主播，儿童文学作家

当孩子呱呱坠地，妈妈的内心都是充满喜悦的，巴不得每时每刻都能陪在他的身边。当孩子牙牙学语、蹒跚学步，我们开始对他充满期待，是让他自自然然地长大，还是努力去开发他的天分？生命中最重要的是什么？这些问题我们都可以在雪宁的《爱和陪伴》中找到答案。

关　心　江苏电台金陵之声《大忙小忙人人帮》主播

对孩子来说，什么是最好的陪伴成长呢？雪宁老师的文字具有引领的力量，能让你找到答案。“宝贝，我愿轻轻牵着你的手，给你能量，陪伴你一路走过幸福的童年”。

*排名不分先后。

文　岚　江苏电台金陵之声《今晚我是你的DJ》主播

我经常把这本书当中的细节动情地讲给我身边年轻的爸爸妈妈们听，比如，女儿生病了，爸爸实在太忙了，但是仍然在百忙中抽空回来，把一包鲜花种子挂在女儿的床前，告诉她：“这包种子里包含着爸爸的爱，会在这里陪伴着你。”真的很让人感动，在感动中也把道理给讲了，爸爸参与教育真的很重要，不要推说忙，我们总能找到方法传递爱。这是一本用自己的亲身感受来解说亲子之道的育儿书，让人顿悟并深深感动，推荐给大家。

路　研　郑州电台《亲子课堂》创始人

在日常生活当中，用心、用爱陪伴，才是真正能够帮助孩子健康快乐成长的方法。雪宁老师是华德福教育的研修者，也是乐活式生活方式的倡导者，希望这本书能开启你陪伴孩子的美好时光。

顾　峰　“金话筒主持人”，北京交通台《一路畅通》主播

给大家推荐一本很棒的亲子教育养成方面的新书，书名叫《爱和陪伴》。都说陪伴是最长情的告白，而有爱的陪伴，一定是温暖而幸福的。相信孩子在温暖和幸福的氛围中成长起来，心智也是非常健康的。

陈佳子　湖南长沙BIG RADIO 88.6总监

这是一本充满爱与智慧的书，它能让亲子间产生愉悦而睿智的互动，能让孩子和父母一起在温暖的创意中共同成长。我和我的孩子，因为这本书受益良多，但愿这本书也能带给你爱和欢笑。

胡　旭　资深媒体人

如果和孩子共处有什么诀窍的话，那就是放下一切不相干的事、物，看他们看的，听他们听的，想他们想的，做他们做的，听上去很简单，但做起来却不容易。而这本书就是教会我们如何更细致地在陪伴中和孩子们共同成长，同时也是一例很好的示范。

许　川　腾讯年度最佳创意人，著名主持人，情感专栏作家

雪宁身上充满着爱的能量，她和孩子亲密无间的互动，相信也会给您的家庭教育带来很多启示。

陈小蓉　广东省潮州市广播电视台主播

我们总是在不停探讨和实践更多、更好的亲子教养方式，寻求最适合自己与孩子的陪伴方式，我觉得雪宁老师的这本书可以给读者很多启发，它的意义不仅仅在于分享教育理念，还在于对父母自我成长的提醒和提示。这本书记录的就是雪宁老师在生活中的点点滴滴，字里行间都可以感受到恰如其分的爱和陪伴。这是一本关于爱的温暖小品，非常值得我们品读。

李　强　全国十大DJ、江苏音乐广播主播

在抚养和教育孩子的过程中，我们已经懂得家长要付出爱和陪伴。可如何去爱，怎么陪伴，我觉得包括我在内的家长，不是每个人都了然于心。雪宁在她的书中告诉我们，要关注孩子成长过程中的内在意志力、情感能力、感知能力、思考力、社交能力、专注力、想象力的培养，让孩子拥有一种会呼吸的生活。

李　青　著名DJ

雪宁是一位优秀的妈妈，我在台北也见到了她的女儿，阳光开朗，学养俱佳。《爱和陪伴》这本书记录了亲子教育中的那些温暖场景，我已经读完了，也从书中汲取了爱和陪伴的养分，希望这么好的书你也读一读。

林　非　中国十佳音乐节目主持人，山东青岛电台主播

感同身受的文字是最有说服力的，也是最好的表达。让我们从书中去感受如何给孩子最恰当的爱吧！

刘　豪　江西赣州新闻广播《心灵相约》主播

每一个孩子的成长，都需要父母浓浓的爱和温馨的陪伴，真诚地推荐这本书给大家。希望这本书能够让你和孩子一起健康快乐地成长。

裴　桐　哈尔滨交通广播首席主播

每个孩子都是父母所培育的一棵小树，而在小树萌芽、成长和茁壮的岁月中，一种无言的行为，就是陪在孩子的左右，呵护孩子的一点一滴以及喜怒哀乐。虽然孩子成长的代价是父母的衰老，可是有一天小树成为栋梁之材的时候，就是爸爸妈妈最幸福的收获。希望每位有宝宝的年轻爸爸妈妈都来看一看这本书，相信你会受益良多。

文　菲　江苏文艺广播主播

雪宁在书中把内涵、有生命力、环保的生活方式带入育儿生活当中，并且放慢脚步，用爱和陪伴，静待孩子成长。作为母亲的我，要把这本书推荐给你，希望雪宁的这本书可以给你的家庭带去更多的爱。

立　波　青岛交通广播主播

这本书会带给我们很多感知和碰撞，让我们去理解和了解怎样去陪伴自己的儿女成长，而且我爱人这几天一直在读这本书，当爸爸的我自然也不会错过。如果你是一位爸爸或妈妈，一定要仔细阅读，看看雪宁文字之间传递给我们的温暖和温度。

爱的推荐

雪宁的《爱和陪伴》一书记录了她陪伴孩子成长过程中的教养心得，十分值得推荐给年轻父母阅读。幼年时期的教养会影响孩子的一生，孩子童年的艺术教育也是很重要的一环。正如我们制作的“音乐大师课”节目一样，秉承着孩子艺术教育的重大责任与意义。出生于艺术世家的雪宁把艺术教育融入生活细节，非常推荐她所著的书籍。

——世熙传媒CEO　刘熙晨

雪宁老师用细腻的笔触，记录了她陪伴女儿“小袋鼠”成长的第一个7年，书中有情感，还有教育心得和方法的分享，希望每一位读者都能够读出母爱、初心。

——“音乐大师课”少儿艺术教育品牌运营机构
麦儿思特（天津）教育技术有限公司CEO　熊　健

作者用自身的生命体验与生活中的衣、食、住、行，带领着孩子走向康庄大道，值得大家细细地品尝，慢慢地阅读。这本书值得收藏，陪伴着你和孩子一起成长。

——ES亲子工作室艺术老师、台湾台北同心华德福学校艺术老师、绘本作家　祐　竹

雪宁是一位在台湾践行华德福教育理念，落实“慢教养”的研修者。这本书记录了雪宁在育儿路上的点滴观察和体验分享，如闲聊般轻松有趣，但是又直达教育的本质，让新手父母自然而然地完成在育儿路上的自我成长，是一本能够细细体悟，值得你慢慢去体会的教养好书。

——“华德福生活馆”创办人　李小瑜

雪宁在《爱和陪伴》中很真实地分享自己的育儿经验，分享自己慢生活里的耐心、爱心、细心，向读者呈现一个真实的华德福实践者，在真实的场景中体现教育的真谛，细节处见其浓浓的母爱。我在想，生活可能正如她所说，只有真正慢下来，去除浮躁，发现美，认真生活，才有可能慢慢实现“润物细无声”的教育。

——西安岭德华德福学校　屈　敏

北方有佳人，集结著好书。一读侧人目，再读动人心。

——优生活有机生活俱乐部创办人　尚洁澄

再版序

谢谢与你相遇

如果说，文字可以击败时间而存在，那么，是什么赋予文字超越时间的意义？我想唯有爱。

我因爱而书写，同时也希望通过书写而传递爱。

我们在谈论一个城市时，一个城市的样貌是来自你所熟悉的街道、熟悉的小店、熟悉的人……城市会因每个人不同的经历而展现出不同的姿态。

同样，我们在谈论亲子教养时，是因父母生命经历而定义着。我想教养从没有标准答案，唯有爱和陪伴。

在爱和陪伴中，我们父母通过孩子看到自己，反思内省，进而成为孩子的榜样，教养因此而发生。这是一个内在的过程，而不是外在的说教。

感谢《爱和陪伴》的再版，对于初版略有调整，但初心未变，希望有温度的文字能在时间之河中继续传递分享。

我当年的感动、感怀，能通过文字与此刻的你相逢相知，真是美好。

谢谢打开书的你。

雪　宁

2017年5月

自序

顺应孩子成长的速度和方式，用爱陪伴孩子慢慢成长

记得新婚时，我正沉浸在二人的幸福时光，于是向老公宣告："我没那么喜欢小孩，我还没玩够，我想先过几年二人世界。"老公笑笑点点头。还记得，婚后第一次去台湾，当时我在事业上正意气风发，看到老公的弟妹挺着大肚子拉着大女儿，我悄悄把老公拉到一边，说："我可不希望像你弟妹一样只在家带孩子，千万别指望我做家庭主妇。"老公笑笑点点头。

那些铁齿铜牙般的话，现在依然回响在耳边，但我自己却已经做了全职妈妈十几年。母爱的本能是如此强大，从我开始知道体内正孕育着小生命的那一刻起，我之前的观念已悄然改变。我对孩子的爱让我之前所在乎的成就、名利都变得不重要了。我只想对孩子好好负责，只想好好照顾她长大，所以我放弃了原有的事业。

怀孕之初，我们夫妻决定定居在台北。在台北最初的日子，对于我是非常大的考验，因为在同一个时期我要适应非常多的转变。在陌生的城市，完全搞

不清楚东南西北的我需要适应新环境、新风土人情；在陌生的城市，我不再拥有职业身份，甚至连姓名对别人都不重要，我只是某某人的妈妈，某某人的太太，这种从职业女性到全职妈妈的身份转变我要适应；在陌生的城市，在没有任何朋友和娘家亲人可以倾诉、抚慰、帮助的状况下，我在生活上、情感上要完全自立自强；在陌生的城市，我要适应妈妈这个新角色，不但要学习所有生活的最基本技能，还要学习如何做妈妈……经过这些考验，我焕然一新。我变得坚强，不再是那个娇气的小丫头；我变得谦卑，不再是那个骄傲的大小姐；我变得柔软温暖，不再事事较真，不再以成败看事物；我变得懂得珍惜，因为所有一切的发生都是值得感恩的……

我开始像袋鼠妈妈一样，无论走到哪儿都把我的女儿如小袋鼠般背到哪儿。在照顾她的过程中，不借他人之手，完全亲力亲为。也因此，让我可以仔细观察她，更了解她的一颦一笑，遇到问题也可以及时了解并适时调整教养方式，不会让问题累积变大。

在女儿上幼稚园后，我有了充分的时间去努力学习各种课程，尤其是与教育有关的课程——父母成长，儿童哲学，华德福教育……其中，华德福教育的课程，我最为喜欢，因此也更积极、深入地参加了与它相关的系列课程，例如华德福父母读书会、人智学哲学、生命传记、十二感官、人智医学、优律思美（音语舞）、手工老师培训、适合孩子的居家环境、格林童话带给孩子的意义、华德福小学教育、手做娃娃、艺术体验，等等，并持续学习到现在。通过这些学习，我不仅仅学会了一些教育的知识或技能，更重要的是，我开始了解自我，了解人性。我的人生观变得更成熟、正向和开阔，我比以前更清楚知道什么才是自己真正想要追寻的，体认到教育没有标准答案，也没有捷径。教育就是观察了解孩子的“真我”，并顺应孩子成长的速度和方式，用爱陪伴孩子慢慢成长。而在陪伴的过程，父母要找回那份失落的“真我”，把自我的价值观在生活点滴中传递给孩子。

我因此而努力在生活细节之中。我把期待放回在自我身上，我知道“我要成为一个什么样的妈妈”比“我要打造什么样的孩子”重要。我尽力做好我自己，让生活缓慢而稳定地流动，而不是华丽的演出。我努力做好一餐饭，洗好一个碗盘，过好每一天小日子，尽心地在家庭琐事上去表达爱与关怀。我希望我可以成为一个乐活派妈妈，把对生活的乐观、健康、积极、细腻、用心的态度，通过那些看似微不足道的生活小事，慢慢传递给我的女儿，这就是我想给予她的生活教养。

在陪伴女儿成长的过程中，我觉得自己是最大的受益者。因为，孩子让我时刻要反省自我，重新认识自我，这样才能给予她好的榜样；孩子让我不断唤醒自己的感受力和创造力，和她一起创意生活；孩子让我不断磨炼自己的意志，和她一起通过小事来成就自我；孩子让我用开放的心态带领她一同学习接纳、尊重自己和他人；孩子让我不断挖掘自己的潜能并持续学习，和她一起发现新的美好……我与孩子共同成长。

自从女儿出生，我就开始持续用笔记录生活。2006年，我开通博客“宝贝在台北”，我把我的记录公开分享，渐渐得到不少朋友的喜爱和支持。2008年，我有了出书的想法，并为此持续努力耕笔沉淀累积。2011年，又开通“雪宁的慢板生活”的微博，随时记录生活点滴。本书的内容是我与女儿生活记录的集结。书中“小袋鼠”的名字是沿用搜狐博客上对于女儿的称呼，虽然现在，女儿可能更喜欢我叫她“小猫咪”或“小狮子”。

这本书的内容主要集中在我对于女儿上小学之前的记录。学龄前这七年是孩子成长的一个很重要的阶段，我希望通过这本书，把平日陪伴孩子长大中的所思所做分享给大家。这本书没有深奥的理论，只是我的情感与观念最真诚的表达。

这本书献给我深爱的父母。谢谢你们给予我健康的身体和心灵；谢谢你们对于我的爱与支持，无论我走多远都一路相随。

这本书献给我挚爱的老公。谢谢你给予我许多心灵的指引，对于我的决定你总是给予尊重、接纳和支持。

这本书最、最、最重要的是献给我的女儿。我亲爱的宝贝，没有你就没有现在的我。谢谢你成为我的孩子。我好爱好爱好爱你，我的爱会陪你一直到永远。

雪宁于台北

目　录

CONTENTS

/ Chapter 1 / 感知孩子的世界

/ Chapter 2 / 妈妈的觉知与反思

目　录
CoNTENTS

/ Chapter 4 / 与宝贝一起在生活中获得滋养

目　录
CoNTENTS

/ Chapter 5 / 台北幼儿园生活

· Chapter 1 ·

感知孩子的世界

我的一言一行

都是颗小小的种子

在你充满光亮的心田

撒下

我不能确定未来

开出什么样的花

但我确定可以做的是

在省思中修正自我

静静等待

你的发芽

天使的考验

小袋鼠看着我和老公过去的照片，疑惑地问：“妈妈，怎么没有我，我在哪儿呢？”

“你还没出生呢。”

“那我在你的肚子里吗？”

“没有。”

“那我在哪儿？”

“那时你是天使，你在很远很远的天上。”

“噢，那奶奶去世了，也变成天使了吗？”

“对，奶奶现在是天使，保护着我们呢！”

小袋鼠的问题让我想了好几天。

每个人都是天使的化身吗？

相信没有人会否认每个孩子的降临都带着天使的容颜，可离去时每个人是否还同样拥有天使的影子？

孩子站在尘土中，开始踏出第一步，便开始了天使与魔鬼的对抗。物质无尽地诱惑，欲望无穷地增长，他们到底要如何面对？孩子在屈服与战胜的不断反复中慢慢成长。

天使，就在每个父母身边，可我们到底要教会天使什么？

或者，每个孩子的出生是不是父母给自己找回天使身影的一次机会？当我们离去的那一刻，带走的是天使或魔鬼谁的翅膀？给孩子留下的又是谁的翅膀？

如果生命只是一段旅程，那一定是对天使的一次考验。

生活的规律性节奏

日升月落，一天一天；春去秋来，一年一年，大自然在日复一日年复一年的规律中循环，生命随着大地脉搏的频率而跳动，人原本也随着自然日出而作日落而息、春耕秋收。但现代社会的人很难做到和大自然一样有着共同的节奏。电灯的发明让我们延长了白天，各种娱乐让我们越来越习惯晚上不睡白天不起……这种大人的无规律生活模式是不宜带给婴幼儿的。孩子在胎儿时期，在妈妈的肚子里听着妈妈的心跳声，就是一种有力的韵律。待孩子出生后，大人给予他们外在规律的生活，可以满足孩子在胎儿时就形成的内在需求。

建立一个有规律性节奏的生活对于年幼期的孩子非常重要。

如何给予孩子生活的规律性节奏呢？

在婴儿出生后，妈妈可以细心观察和记录他们每天睡觉的时间、喝奶的时间、大小便的时间……从中找出规律，并日复一日加强巩固这个规律。在该喝奶的时候喝奶，该睡觉时睡觉，该出去散步时出去散步……当形成规律和习惯后，一切的发生就会成为孩子可以预期的。这样的规律会让孩子的身体发展得比较健康，心理发展得拥有足够的安全感。

喂母乳的妈妈会有一种困扰，孩子喝母乳比较容易饿，随时都有可能要喝奶，很难建立一个规律，久而久之妈妈的乳房会变成孩子的最佳安抚用品，只要想要就可以吮吸几口，而孩子不见得是真正的肚子饿了。

我生了小袋鼠后也是全程母乳喂养。我没有采用很多妈妈推崇的自然哺乳方式，也就是孩子想吃时就满足他。因为我一个人独立带孩子，没有长辈或保姆可以协助或依赖，每天必须要面对很多大大小小的家务事，所以只有在规律的节奏中喂养小孩，这样才可以合理安排家庭生活，也可以让自己有足够的休息时间来充实体力。

我想所谓以前人的自然哺乳方式也是在一定的生活节奏内的，因为以前的妈妈要面对农务、面对更大的家庭和更多的孩子，她们有更多的事要做，绝不可能随时处在准备喂奶的状态。而且，我认为在固定的时间喂奶，孩子的身体器官可以比较有规律地运作或休息，这样孩子长得会比较健康，所以我非常仔细地记录孩子每天喝奶的时间以及每次喝奶时间的长短，来估算她喝的量；记录睡觉的时间和睡眠的长短……逐渐找出孩子的规律。

因为规律的生活，小袋鼠变得非常好带，婴儿期基本没有什么事情给我带来困扰。她在固定的时间吃喝玩睡，很早就可以夜里睡整觉，她也不需要安抚奶嘴。她心理上被爱的需求可以通过被搂抱或抚摸来满足，而不是妈妈的乳房。

孩子渐渐脱离哺乳期，大人还是需要随孩子成长而调整、稳固孩子的作息。在一个新的生活节奏形成过程中，需要不断重复，尽量不要随意打乱。在此节奏中，饮食和睡眠是最为重要的。一定要在该吃饭的时间吃饭，该睡觉的时间睡觉。这个似乎非常简单的原则，其实很多大人无法让孩子做到。

因为现代生活太过随意，而且一般大人不喜欢单调的生活。于是，生活可能因今天买菜聊天而午餐晚了，可能因明天外出用餐要等位而延迟睡觉时间，特别是当大人带着孩子出去游玩或者参与朋友聚会时，更是无法按照孩子的作息运转。

在这种情况下，孩子会因为饥饿或疲劳造成情绪非常大的起伏，哭闹就是非常正常的事。有时，孩子在外在环境相处过久，还会因为过度刺激而产生过度兴奋的状态，孩子的身体虽然很累但因情绪High过头了反而造成入睡困难和情绪不安。这种状态非常像大人饮咖啡过度而无法入眠。

当有的孩子对于某些事情特别固执必须按照自己的要求来做，或者行为表现非常霸道，或者对于某种食物、某件衣服、某个玩具产生强烈的控制欲时，或许有一方面的原因就是因为他对于每天摸不到头绪的无规律可言的生活感到潜在的情绪紧张，所以他希望能够掌控一些事物而不是随时毫无预见性地被牵着鼻子走，他需要借由某个固定的事物来提供给他一种稳定的安全感。

如果大人希望孩子可以情绪稳定地长大，那么一定要在家庭生活中非常注重孩子生活的规律性节奏。

当早餐后会去楼下小公园散步，散步之后回家有个小点心，然后小睡……这一切的发生都是孩子小小心灵每天可以预期的，所有的事物都在它正确的位置上，这样的生活会让孩子多么的安心。

孩子通过每日的节奏来建立他对这个世界的初步了解，并产生对这个世界是否是值得信任的隐性心理认知。

走路是件自然的事

对于婴儿来说，会趴着抬头，会翻身，会坐立，会爬行，会站立，会走路……这每一个阶段都如同人类会直立行走般具有非凡的意义，但也是孩子必经的非常自然的过程。

孩子从像植物一样不可移动到像动物一样可以爬行，这对于他们是一个具有非常意义的转变。他们可以主动掌控自己的身体去探索世界，这是多么喜悦而骄傲的事。在他们眼里，这世界每一样事物都是新的，都是值得摸一摸、尝一尝的。

这个时期父母应该做的是把家庭环境整理得干净安全，给孩子充分的自由和足够的时间去享受爬行阶段。爬行不仅对孩子的前庭功能具有刺激作用，而且对于发展孩子主动探索的意识和自我内在的肯定都极为重要。

小袋鼠从开始会用屁股移动，我就减少家里杂物的摆放，让家变得非常简洁。并且我每天都会趴在地上把地板清洁干净，只有在厨房门口放个小栅栏，其他任何地方都可以让她放心地爬来爬去。到了公园，我也会把她放在地上任她爬得浑身脏兮兮，只需要在旁检视有无钉子或玻璃等小的危险物品。

在她经历爬行这个时期时，我并不会着急训练她走路，她足足爬了3个多月。她一岁时在家里没有扶东西第一次独自走了两三步来扑向我的那一刻，她自己都愣住了。当我高兴地称赞她时，她在我怀里不好意思的笑容到现在都历历在目。

孩子从爬行到学会走路是一件非常自然的事情，而在学习走路过程中摔倒也是很自然的。我在北京的小区经常看到孩子手一抚地就立刻被大人拉起来，还看到有大人从孩子背后拉着一种宽带子。这种宽带子从孩子的前胸通过双腋，当孩子走路时一有倾斜还没摔倒就可以被大人拉起来。我每看到这样的情形都觉得孩子怎么连摔倒的权利都没有呢？

孩子通过不断地摔倒来练习对自我身体的平衡和掌控。当他摇晃着靠自己的力量却没有摔倒，当他摔倒自己又很快地爬起来……这对于孩子内心是多么骄傲的事情。大人过多地干涉，不但对孩子身体发展有不利影响，而且剥夺了他内在对自我的探索和肯定。孩子在蹒跚中摔倒其实多半不严重，偶尔膝盖磨破皮也不必大惊小怪。大人如果担心，只要把旧袜子的袜腰剪下来当成孩子的护膝就可以保护了。

孩子学步的过程，大人不需要那么紧张。孩子早点儿晚点儿会走路都是他身体和内在心理的需求，不需要人为的干涉。

观察孩子走路，会发现有的孩子走路如风，脚尖点地脚步轻快，他们摔倒时多半前倾趴倒；有的孩子走路如水，脚跟着地脚步铿锵，他们摔倒时多半后仰屁股着地。从走路就可以反映出孩子天生气质的不同。走路是非常自然的事，是孩子内在自我的外在展现。

给孩子自己成长的机会，他们正在体验着如同人类演化般的历程，而每个阶段都需要有足够的时间去经历，这具有生命非凡的意义，无法快速取代。

睡眠是新一天的开始

睡眠对于年幼的孩子是非常重要的，睡眠的好坏长短会影响他的健康、情绪、智力发展。孩子太晚睡或睡眠时间太少都会伤害到孩子的脑部神经系统，也会发生情绪不稳定或过动等问题。

孩子在每个年龄阶段的睡眠状态都不一样，试着找出适合孩子的韵律和仪式，那么上床睡觉就是一件愉快的事，而不再是跟父母讨价还价的“拉锯战”。

小袋鼠出生后我就尝试找出她的生活节奏，然后根据成长慢慢调整。很幸运，小袋鼠的睡眠正常又顺利，没有过日夜颠倒的现象，还不到两个月她就可以在晚上有五六个小时的整段长时间的睡眠，后来夜晚睡眠时间逐步拉长，晚上7点入睡一直到第二天早上五六点才醒。直到3岁多也是8点睡觉7点起床，保持早睡早起的好习惯。

小袋鼠4岁后因为独睡，所以晚上的睡觉仪式比以前时间上稍微拉长了些，让她慢慢收心可以安稳地入眠。

晚饭后小袋鼠自由游戏到快8点时，我就会提醒她一两次，一会儿就要到洗澡睡觉的时间了。

晚上8点左右开始睡觉仪式。

●我和小袋鼠一起收玩具。

●洗澡，刷牙，洗脸。

●上床，留一盏台灯。

●我手拿小竖琴随意拨弄几下琴弦，轻柔优美的琴声让小袋鼠的情绪稳定下来，心思回到床上。

●让小袋鼠端坐在床上双手很小心地接过"竖琴宝宝"，把它抱在怀里，轻轻地随意拨动琴弦，静静地聆听。短暂的几下，我就会把"竖琴宝宝"带走让它去睡觉，给它盖上"被子"。小袋鼠已经懂得还想弹就要等到第二天睡前。

●讲故事，点蜡烛，关台灯。

●在蜡烛摇曳中与小袋鼠唱《小小蜡烛》的歌。

●和小袋鼠聊几句当天的话，确定都没有什么话要分享的时候，一起熄灭蜡烛。

●两个人互道晚安，我坐在床旁的椅子上倚着栏杆，一手搭在小袋鼠身上，陪小袋鼠入眠。小袋鼠一般5分钟左右就可以睡着。我再离开。这时差不多是晚上9点。

每天都重复同样的程序，除非假日出去游玩晚归才略有些调整。此时，会给她更多的耐心，因为她原有的节奏是被大人打乱的。

有了良好的睡眠，小袋鼠的早上就可以愉快地醒来，又开始幸福的一天。

（补充说明：如果家庭状况允许，这个年龄的孩子入睡时间最好可以比我的提前一个小时，也就是7点开始进入睡眠仪式。）

唤醒

有段时间，小袋鼠早上起床总是拖拖拉拉，每天都是卡着点到幼稚园。早上，我先喊她起来，然后把衣裤放在小床边的椅子上，接着就去厨房准备早饭。等我再次进她的小房间时，小家伙还在床上磨蹭来磨蹭去，没有起来。我只好又催促她一番，把她从床上捉起。每天如此重复着拖拉，我有时就会忍不住发脾气。我曾反思，晚上我们并没有比以前延迟了入睡时间。她睡眠的时间已经非常充足，并不是不够睡，但是她早上的拖拉，却会影响她在幼稚园生活的节奏。

老公对于我们母女早上的“拉锯战”看在眼里。一日，他对我说，“你试试不要只用语言来叫她起床，用触觉，触觉更容易唤醒身体。”老公的话提醒了我，或许语言，不论大声小声，都只唤醒了身体的听觉感官，而大部分感官还在半梦半醒状态。而我早上总是很匆忙地做着自己的事，认为她大了可以不需要像小时候那样陪伴等候，所以并没有给予她充足的唤醒。

于是，我首先调整自己的时间。让自己再早起点儿，先把早饭做好后再去小袋鼠的房间。这样，我可以先安定自己，再专心唤醒她。我坐在她的小床边轻轻地叫：“宝贝，宝贝，起床了。”然后用手去轻轻捏捏揉揉她的腿和手臂。小家伙没有睁眼就先笑了。我被她的微笑感动了，如果一天由微笑开始是多么美好。

为了小袋鼠美美的笑，我改变了叫她起床的方式。有时，小袋鼠会翻个身背对我轻轻说：“妈妈，挠个背。”我帮她抓抓后，她总是心满意足地伸个懒腰后一骨碌就爬起来，不再会赖在床上不起。而我也就专心地陪她把衣服穿好，然后去浴室和她一起刷牙。早上的整个流程变得顺畅很多。有一个顺畅的开始就比较容易进入顺畅的一天。

东摸摸西尝尝

触觉是非常奇妙的，它是人最先发展的感觉之一。我们一出生就先靠触觉来认识这个世界。婴儿被迎接出母体的那一刻，第一个对这世界的接触就是被动的触觉。

当婴儿开始可以掌控自己的小身体时，他就开始了自己对这个世界的主动探索。他在家里爬来爬去，东摸摸西尝尝，通过手和嘴巴来感知这世界中众多他不了解的事物。

这时，不应给孩子太多“不可以”的阻挡，应该给孩子一个安全的环境让他充分地发展触觉，帮助他通过自己的触摸和“品尝”而对这世界建立起主动认知的能力。儿童认识世界的能力不应由大人的“语言教学”来完成。大人经语言向孩子表述出来的名称也好，用途也罢，都是非常抽象的概念，既不“真实”又非常被动。比如，当我们真正触碰一张椅子时，我们同时还调动众多感官一起参与感受，到底会获得多少感受呢？它的高或矮，大或小，轻或重，光滑或粗糙，冰冷或温暖，稳固或摇摆，坚硬或柔软，尖锐或圆滑……孩子经由自我触觉获得的感受才是最真实的。真实的碰触让我们对那些在自我之外的“外物”有了第一次觉知。

我们通过触摸这个动作不但可以了解其他物体的外在轮廓，而且还可以了解我们自己的外在轮廓。因为只有手可以触及我们全部身体，而眼睛只能看到身体的一部分，所以触觉能够非常清楚地告诉我们自己以及外在事物的边界。

我观察到幼小年纪的孩子要去坐一张椅子时，他经常会撅起小屁股，一点点挪向椅子，直到感受到椅子的边缘然后再坐下去。小袋鼠在刚会走路时，她从一个空间走向另一空间时一定要先趴下来用手去感受那个地面的门槛和小台阶，她通过手的触觉感受着空间的边界，然后爬过去才再次站起来。经由多次这样的触觉体验，小袋鼠才开始用眼睛的指引去跨越那小小的“落差”。

触觉带给我们物体的边界感和真实感，而这种感觉也是一种分离感。触觉让我们感受到每个物体都是独立存在的，包括我们自己。但是也同样借由触摸，使我们与其他独立个体产生了某种程度的联结，所以触觉不仅有分离感也有联结感，这种感觉是进入我们身体内在的。

婴儿在最初无法掌控自己身体的阶段，每天被妈妈抱在怀里，体验着与母体的分离和与母体的联结同时存在的爱的感受。这种被爱的触感会深植婴儿的内心。有的孩子走到哪里都会抱着或紧抓着一个属于“他”的小被子或玩偶，因为孩子需要一个他可以“掌、握”的物品，并和被“认定”的物品来建立与这世界的联结感。

我的一个朋友的孩子，曾经有一段时期每天出门坐在宝宝手推车上时，都会把自己左脚的鞋抓下来抱着啃。朋友非常理解而且允许孩子这么做，孩子持续了一段时间后深层心理需求被满足了，才放过了那只鞋子。很多孩子通过触觉带来的真实感去认知外部世界和内部自我，进而建立深层的安全感。

允许孩子在安全的范围内自由地东摸摸西尝尝，允许孩子对某种物品“紧抓”或“紧咬”不放，这会满足孩子对这个世界探索的好奇心，满足孩子对自我的肯定，满足孩子建立自我与世界联结的安全感。

不要随便摸别人孩子的脸

我们大人看到朋友的孩子往往会情不自禁地去摸孩子的脸或者他的头，对于小一点儿的孩子更是会去抱他。这似乎是人之常情，没什么不妥当的。但对孩子来说却未必如此。

由于孩子的年龄不同和个性不同，他们对大人的触摸也会有不同的反应，很多孩子内心会非常不喜欢大人的这种行为，没有拒绝通常是因为孩子不懂得如何表达自己内心的抗拒，而且自己的父母又是鼓励和同意别的大人这样的行为的，如果孩子表现出反抗往往还会被父母责怪没有礼貌。可是孩子如何懂得大人的碰触是表示对自己的友好呢？

带孩子参加聚会或餐会时，通常大人之间非常熟悉，可是这并不代表大人和孩子也是非常熟悉的，有时可能是第一次见面。从孩子的角度讲，我们对于他们只是陌生人，和街上走着毫不相关的路人没什么两样。我们作为一个路人而伸出手强行触摸孩子时，这对于孩子是非常强烈的侵入和干扰。很多孩子是不喜欢的。

我家小袋鼠就曾遇到过这样的情况。有一次姥姥姥爷带着她参加朋友餐会，当姥爷的朋友一对她太过热情，要抱抱她和摸一摸她脸蛋时，她用双手抱着自己的头非常生气地尖叫并把人家的手打回去。这是小袋鼠第一次非常大动作的抗拒，让姥姥姥爷十分尴尬。从那次以后，每次姥姥姥爷带她去见朋友时，我都会提前告诉她，姥爷的朋友有可能会因为喜欢她而要摸她的脸蛋，大人是表示友好，如果不喜欢可以拒绝，可以躲开，但不要尖叫和踢打对方。小袋鼠再次遇到这种状况时就会机警地原地360度转个圈而躲开陌生大人的手，这时我会替双方缓解尴尬，说孩子比较认生，比较害羞。

每次和朋友见面，如果面对的是第一次见面或者很少见面的孩子时，我多半会和孩子保持一个手臂的距离跟孩子打招呼，并介绍自己是小袋鼠的妈妈，而不会主动去碰触孩子。看到在朋友怀里的小小孩时，如果想要抱也会事先向他拍拍手再摊开双手做迎接的姿势并说：“阿姨抱抱可以吗？”小小孩如果笑着迎向我，我才会去抱他。如果转身不理我，就表示他不愿意，我就不会再伸手勉强。

我们大人不需要用逗弄朋友孩子的方式或对孩子过度喜欢来表达对朋友的友好和善意。如果大人真心喜欢那个孩子，就慢慢地好好地和他相处，尊重他，陪伴他，过一段时间待双方熟悉后，那个孩子一定会主动“投怀送抱”的。孩子最能感受到大人是真心还是逢场作戏。

自由与限制

我想我们这一代人大多都是在“不打不成器”的传统权威式教育下长大的。当我们成为父母后，面对自己的孩子有可能会延续父母的管教方式，也有可能会像钟摆一样摆荡到另一头，选择西方的开放式教育理念。

权威似乎代表了限制，开放似乎代表了自由，我们要给孩子的到底是自由还是限制？怎样对孩子的成长才是健康的？

曾经听到一个说法，孩子的教育要像漏斗，小时侯空间最小，随着长大而逐渐加大他的空间。这个说法非常形象地说出了给予孩子的自由与限制是随着成长而调整的。

我非常赞同这样的观念。在孩子小时候建立正确的生活习惯，建立家庭应有的规矩，对于孩子成长是非常有益的。因为孩子还小，无法主导自己的生活，他需要跟随大人正确的脚步前进。所以我家规矩不少，例如，吃饭时如果离开就表示吃完了，绝对没有边吃边玩这回事；时间到了，进入睡觉阶段，没有讨价还价的余地；不是糖果日就要等待；一天只有一杯新鲜果汁，不能喝其他饮料；就寝前，玩具必须收拾好；不看电视，不玩电子游戏……

这些规则在年幼时就确立好，孩子并不会很痛苦，反而会更稳定安心，因为一切生活都是有迹可循的。随着孩子长大，自律已经形成。就可以随之调整家规的限制尺度。

如果孩子年幼时没有限制，我们大人过于尊重他们的决定，经常征求孩子的意见或者不断让步，就无法在他们心里树立生活的许多正确观念。例如，我们不断问“你现在是要玩还是要吃饭”“你要穿哪一件衣服呢”“好吧，你再玩一下，等一下再睡觉”“玩具明天一定要收拾哟”……让孩子从小就要自己独立面对抉择，但父母并没有给他们作出相应的示范——如何在需求下作出正确选择的示范，孩子会无从依寻、无从模仿，也就无法了解如何正确抉择。

这种状况下的抉择，对于孩子也是一种焦虑。当他们抉择错误时，大人再想拉回又会造成更大的亲子冲突，而我们的让步还会让孩子膨胀了自我的欲望，不断地让步会传递给孩子这样的观念：欲望在这个世界是没有什么可以阻挡的……

记得我上教育课程时，老师曾给我们作了一个比喻，大意是这样的：小河上有一座独木桥，独木桥两侧没有围栏，河水不深。我们跟孩子说，你要想过桥就过吧。我们大人知道这个桥没有危险，而让孩子自由选择，但孩子没有经验可以判别，孩子如何安心决定？而限制就是给这个桥两侧加上了围栏，孩子可以在围栏的保护下安心过桥。

当然，我们给孩子诸多规矩的限制时除了态度要坚定，方式也要温柔。运用温柔的方式，慢慢引领孩子走在规则的路上，这是需要时间和耐心的。好习惯的养成不是一次就可以达成的，需要日复一日地不断坚持。

对幼年期的孩子要有限制，那么他们的自由到底在哪里？其实，在规则下的自由才是最踏实的自由，在规则下的自由才能尊重他人的自由。就像大人的社会，每个人的自由一定是在法律之内的。

另外，我觉得给予幼年期的孩子最大的自由就是允许他们有着充裕自由的时间，让他们的玩耍是自由的。大人不要担心孩子没有刺激，没有安排活动，没有提早学习，是浪费孩子的时间，会有碍于孩子的成长。千万不要让游戏都在大人的命题之下。让孩子自己决定他们想要玩的目标、想要玩的方式以及玩的规则。不要阻止孩子光脚在地上奔跑，这是多么美妙的触觉体验；不要阻止孩子捡拾落叶树枝，大人眼里的垃圾可能是孩子眼中的瑰宝；不要担心玩泥巴会弄脏衣服，在泥巴中孩子正形塑自我；不要担心孩子会无聊，无聊往往是一次创造的最好开始……在充裕的自由时间里让孩子自由地玩耍，才能使孩子真正地发现自己。

对孩子自由与限制的界限，要随着孩子的成长不断调整，逐渐开放限制的尺度与速度，这需要大人不断地思考和反省。大人在自由与限制之间必须时刻寻找一种对孩子有益的平衡，就好像大人不断地给孩子设置好一个安全的空间，让孩子可以自由放心地“飞舞”，而这个安全空间需随着孩子的成长逐渐加大，直至完全放手。这时，孩子已经有能力自己给予自己设置一个安全的范围。孩子经由这个限制与自由交织的过程成长，才能真正了解并懂得行为上的自我约束和心灵上的真正自由并不相矛盾。

『我数到3』

“我数到3，1——2——”这句话不知是谁在哪个时代的发明，一直沿袭到现代，也许是因为太好用了吧！当大人想让孩子照自己的话快速行动时，此话很容易就脱口而出，短促而有力。

而对于“数到3”这件事，大人有没有过思考呢？

孩子的特性是充分活在当下的，他们没有未来的概念，他们不会计划预设行程。所以在一个行为结束要转到下一个行为时，孩子是非常需要有行为转换的缓冲地带的，让他们身心都能做好准备，跟随大人从一个状态进入下一个状态。

可是，大人在给孩子行为转换的缓冲时为什么要用数数的方式呢？也许是因为孩子在很小时就可以懂得简单的数量概念。也许是因为数数对于大人最容易，不用动脑子……但有没有其他方式呢？

当然会有，有的大人会说：“我给你5分钟……”；或者说“到了×点我们要……”；或者指着时钟说“当长针指到×点时……”以具体的时间给孩子转换缓冲的量。其实，具体时间对于年幼的孩子是非常困惑而不具安全感的，因为孩子要等到很大才能对时间有个清楚的认知。依此来看，数数比讲时间更简单明了。但还有没有更好的方式呢？

一个朋友告诉我，他和女儿在进行这种转换的时候，都会固定唱一首儿歌，唱完了就表示这件事或行为就必须结束了。孩子在熟悉后还会跟着他一起唱。

小袋鼠的幼稚园也是这样，当老师带领孩子进入下一阶段的活动时，也是每天用固定的歌声来预告和提醒。孩子们很自然地就知道他们要结束现在的活动了。这种唱歌的方式不像数数式那样带有强硬的命令感，对于年幼的孩子更为柔和温暖。

其实，大人可以发展出很多具有想象力的引领方式。当大人给孩子做好预告，孩子又非常清楚地知道下一个环节是什么，并且同时知道进入下一个环节是没有讨价还价的余地时，那么孩子是很容易跟随大人的脚步的，就大可不必“数到3”了。

用餐不仅仅是吃饭

如果要想象一幅家庭温馨的画面，可能最容易想到就是一家人围着餐桌团团坐、边吃边聊的情景。这个最平凡的画面仿佛是一个家庭的灵魂所在。

在生小袋鼠之前，我完全不会烹饪，更很少下厨，但有了小袋鼠以后我意识到，如果家里没有时刻弥漫着食物的香气，就仿佛孩子没有可以怀念的妈妈的味道。因此，在厨艺的提高上面，我非常努力而用心，在用餐态度上也十分认真。

因为我始终认为用餐是一件很重要的事，这不仅是我们作为人的生存所需，也是我们对家人的一种爱，对食物创造过程中的人与物的一种尊重。所以，我从来不把用餐当成是给予孩子的一种娱乐或诱惑。

以前，有朋友曾对我说，她的孩子不爱吃饭，每次喂饭时就要打开电视给他看卡通，在他对饭菜无意识时拼命往他嘴巴里塞。我并不赞同这种做法，这只是解决了问题的表面，让孩子吃进食物，但大人并没有了解孩子拒绝食物的根本原因，而且还养成了另外一个不好的习惯。

尽管小袋鼠从小挑嘴，用餐这件事对于不熟烹饪的我并不轻松，但我坚持用餐不是可以讨价还价的娱乐，用餐就是要坐下来，好好地围坐、好好地享用。这是一种对食物和创造食物过程中所有的人和物的最基本的尊重。

培养孩子感恩的心并不是通过大道理的宣讲，而是从这些最平凡的日常生活中做起，这种感恩不需要言语的讲解自然会流入孩子的内心。

吃饭的时间也是孩子流动的一天必要的“暂停时刻”。为孩子提供了一种需要坐下来专注体会“静”的机会。好动是孩子的天性，他们只要睁开两眼就要借助玩耍去探索。刚好吃饭的时间是探索中间的一个“休止符”，可以让他们坐下来专注地感受。

所以，我从来不追着喂小袋鼠饭，绝对没有玩一会儿吃几口饭的情况发生。在家吃饭时，每个人只要离席就表示吃饱了。如果小袋鼠吃了几口急着跑去继续玩饭前的游戏，过了一会儿突然又想起要吃饭，那我一定会请她等下一餐。

孩子不会因少吃一两餐而营养不良，但他一定会记得那个等待的感受，从而懂得用餐的基本规矩。逐渐，孩子就会养成坐下来专心感受食物，感受自我内在的需求，并学习面对事物在进行中经常会有的必要的暂停。

当好好地用餐成为一种习惯，也必然会给孩子带来一种内在的安定感。

台湾的幼稚园提供给孩子的正餐只有午餐，很多大人因为早上时间很赶而让孩子在上学的路途中边坐车边吃早餐，或者让孩子带到学校吃。但我极少让小袋鼠这么做。我每天都会和小袋鼠在家好好吃一顿早餐。因为除了早餐的营养对于孩子很重要外，早上起床后坐下来用餐还会给孩子一种内在的安定力量。这种力量能让孩子从睡眠的意识中慢慢醒来，并情绪稳定地进入新的一天。

同时，用餐对于大人也是一天忙碌中很重要的安定时刻。除了全家人一起享用一顿安心的早餐外，工作辛苦一天后在家的晚餐，也是家人相聚最幸福的港湾。但是不少上班的父母下班后要7点多才能到家，如果全家人一起吃晚餐通常都到晚上8点多。因此很多孩子平日都无法等待爸爸回家共同吃晚餐，全家人围坐的幸福画面只有假日才能上演。

在一家人一起用餐这方面，老公很有意识地调整自己工作作息，在每个星期中留出几个固定的时间段来保证和家人一起享用晚餐，因而我们家的晚餐总是洋溢着欢声笑语。

其实，很多时候，只要用心安排，困难是可以克服的，通过晚餐的共聚，家人一起享用食物的美好，一起聊聊天传递着彼此的情感，孩子会跟着大人一起感受家人亲密互动的关系和温暖美好的氛围，让心灵得到内在的稳定和放松。

或许，用餐，不仅仅是吃饭，是创造家庭每个成员爱的连接，从而发挥内在的安定的力量。

可以玩耍的玩具

我和小袋鼠边洗澡边聊着我小时候的情景："……我学校里的玩具有积木、洋娃娃、小汽车……"

小袋鼠很自豪地接话："哦，我的学校也有积木、娃娃，没有小汽车。不过我们可以自己搭一个或盖一个汽车，人还可以坐进去，别的小朋友推着还可以跑哟。"

小袋鼠幼稚园里的玩具都是最自然的素材，各种大小的木头、石头、种子、老师亲手做的娃娃动物玩偶和手染的布……孩子们每天通过这些简单的玩具，加入自己丰富的想象，创造出各种有趣的游戏。小袋鼠很爱用木头、板子、凳子组成汽车啊飞机啊摩托车啊，在自己的想象空间里飞驰。

在小袋鼠3岁左右的时候，老公从美国出差回来为小袋鼠带了一个礼物。小袋鼠非常开心地看着爸爸拆盒子组装玩具。那是一辆绕着轨道不停地跑着的玩具车，小袋鼠是很爱车子的女生。轨道装好车子开关一拨，玩具车就马力十足地一圈一圈地绕着。小袋鼠凝视很久后，皱着小眉头说："我不喜欢这个，又没办法玩。"说完把车子的开关一关，走开去玩别的了。从此，这个玩具被打入“冷宫”，偶尔被来访的小朋友挖掘出来，才能见一见天日。

什么样的玩具才是小袋鼠所说的可以玩的呢？

其实，玩具就应该是最简单原始的素材，经由孩子的想象力、创造力赋予崭新的无限的可能。就如一根棍子，它可以是登山的拐杖，可以是钓鱼竿，也可以是指挥棒，还可以是一匹可以骑的马……

小袋鼠想要玩的就是这样的有趣又简单的玩具。那些经过大人精致设计的玩具，孩子只学会了操控而并没有得到发挥自我创意的真正的玩乐。

如何给孩子选择玩具

每个孩子的成长一定少不了玩具。孩子出生后，父母都会不断地给孩子选购一些不同年龄需求的玩具。商场里，玩具的柜台越来越大，玩具的种类越来越多。在形形色色包装华美、不断推陈出新的玩具面前，大人都会头昏眼花，更何况孩子。到底应该给孩子选什么玩具呢?

小袋鼠出生后，我对于玩具的选择首先建立了自己最基础的原则：一是只提供孩子发展阶段所需要的，宁可少绝对不能多。二是玩具选择的主导权应该在家长手里。

婴儿最先开始认识的是自己的身体。对他来说，没有什么比自己的手和脚更好玩的。所以在小袋鼠婴儿期时，我只买了两三样玩具。其实，家里的一块柔软的小丝巾，就让小袋鼠非常兴奋开心了。每次拿着丝巾，在小袋鼠面前摇来摇去，然后让它自由飘落，有时会“不小心”飘落在她脸上，或者盖住我的脸再拿下来……仰躺在床上的小袋鼠总会挥舞着小手臂，“咯咯咯”地笑个不停。

随着小袋鼠的成长，虽然又添置了玩具，但依旧保持着不要太多的原则，让玩具简单到一个草编的篮子就可以收纳完成。因为对于幼儿来说，家里的生活用品每一样都是新鲜的，都可以成为玩具。

在安全的照看下，我鼓励小袋鼠去探索家里的日常用具，那些锅、碗、瓢、勺、靠垫、浴巾就已经让她忙得不亦乐乎，根本不需要过多的玩具。太多的玩具会让孩子不懂得珍惜，降低孩子对每一种玩具的钟情度，也降低对一件事物的专注力，因此也就减弱了经由一件事物而展开的深入想象和创造。

太多的玩具同时还会造成孩子的压力。大人在太多选择面前都会有不知所措的困惑，更何况孩子呢？当内心不知如何选择而不断地处于犹豫彷徨时，焦虑就会悄然滋长，大人小孩都是一样。而且太多的玩具，孩子根本没有收拾的能力，也不利于培养孩子好的习惯。所以我一直觉得在选择玩具时，最重要的原则就是不能太多。

关于玩具选择的主动权，我也是非常坚持的。在小袋鼠小时候我很少带她去逛百货公司，更少带她在玩具柜台徘徊。每次买玩具都是我独自去，只买我认为必需的玩具。因为婴幼儿期的孩子还无法懂得什么是真正的需求，所以我尽力避免让小袋鼠在诱惑面前燃烧欲望而造成亲子冲突。而且，在日常生活采买时也在不断地灌输给她“只买需要的不买想要的”观念，也不轻易答应临时起意的购买欲望。

任何时候，我都尽量不给小袋鼠“我就是要”的呐喊机会。这样做也是在帮助孩子建立正确的消费观念，因为任何的消费都不可能添满人内心的欲望，也解决不了内心的问题。

对于速食店和便利店那种“买儿童餐加一元钱送玩具”或“集点送玩

具”的商业推广行为，我更是坚决抵制。我不厌其烦地告诉小袋鼠，这种玩具没有什么可玩性，玩不了几次就会不喜欢了或者玩坏了，而且这种玩具非常不环保，大量地生产，廉价地出售，孩子大人不会爱惜，很快就会变成垃圾，这样对地球非常不友善……

因为我在这方面的坚决态度，让小袋鼠在购买玩具时从来没有出现过任何的耍赖行为。随着小袋鼠长大，她的喜好逐渐显露，她会特别钟情某种玩具。

因为小袋鼠已经养成良好的购买习惯，我也逐渐放宽了我的严格，但我仍然不会立即就答应或拒绝她的要求。我总是问她：“你真的特别需要它吗？你会好好待它吗？好的，等下一个节日，爸爸妈妈会作为礼物送给你。”我给予她一段时间的等待，让她在这段时间沉淀自己的想法，然后才去满足。这样每次去玩具柜台我们都目标明确，行动非常干脆麻利，没有困扰。

小袋鼠3岁时，我开始上教育课程，对于什么样的玩具是符合孩子需要的，有了更清晰的认知。

1.玩具要提供给孩子玩耍的空间。

也就是说，玩具只是一个引子，引发孩子去创造、去想象。例如，一个布娃娃、几块色彩柔和的布、手编的毛线绳、木质积木……这些没有具体规则操作的玩具可以提供给孩子无限的想象空间。瑞典的电影大师伯格曼认为孩子只需要一个娃娃、几句话、几个故事，剩下的让想象力发挥作用。所以玩具不需要太过复杂，简简单单就好。那些设计精细完善的玩具只能提供给孩子学习操作的技巧，而会抹杀想象力和创造力。

2.玩具要提供给孩子真实自然的美感享受，而不是过度的刺激。

现代玩具有些设计过于夸张僵硬，或者有太多的声光刺激，甚至使用不健康环保的材料……这些并不能带给孩子真实的美感，不利于孩子对世界真实的认知，也不利于对孩子感官的保护，甚至可以说，这样的玩具带给孩子的是视觉污染和听觉噪声。

3.自然和生活是孩子最佳的玩具来源。

大自然中的石头、树叶、贝壳、种子、泥土、沙子、水……这些都是孩子最好的玩具。它们不仅具有最天然的美感，而且具有多感官的启发。例如秋天的落叶每一片都有不同的纹理色泽，对于落叶的玩耍可以调动孩子触觉、视觉、嗅觉、听觉甚至味觉，还有无限的想象空间。将自然素材当玩具也可以弥补现代城市孩子对自然接触的不足。大自然永远是人类最好的老师。

4.玩具不一定要通过购买得到，最好父母可以动手做一些玩具。

手作玩具更具有生命感，玩具不再只是一件物品，而是和父母的情感连接。孩子还可以通过观察父母制作玩具的过程，充分体会创造事物的快乐。

在此原则下，我更清楚了对玩具的想法。每次去户外，我和小袋鼠总是开心地在自然中寻宝，于是我家里多了石头、贝壳、树枝、种子……我也开始为小袋鼠亲手制作玩具，从植物到动物到娃娃……每个手作玩具都是小袋鼠搂着睡觉的最佳伴侣。一次小袋鼠对我说："妈妈你知道吗，在我的汽车中，我最爱的就是你给我织的那个。"她的话让我更确信我的观念。

在为孩子购买玩具时，最要警惕的就是补偿心理。当工作繁忙没有时间和精力陪孩子的时候，有些父母会想用买玩具来弥补孩子，但是亲子关系又岂是能用物质来补偿或改善的呀！

此外，我也会收到一些亲友赠送的过于精美或定型的玩具，真是不符合我家的规矩，但那份情谊也是无法推却的。我就会定期整理小袋鼠的玩具，把她真心喜欢的可以长久玩弄的留下来，其他的打包收藏起来，尽量保持玩具的适量和简单。

如果让孩子的玩具越来越多，孩子经由玩具所创造出的游戏空间就会越来越少。一个被物质填满的世界，孩子总会期待下一个永远是最好的。父母要时刻提醒着自己，要让玩具成为孩子成长的助力而非阻力。

自主玩耍

玩耍是孩子每日睁开双眼后最最重要的事。孩子喜欢玩耍这原本是天经地义的，但如今，父母在感受到无比强大的竞争压力之后，大多希望可以把孩子的教育提早，希望孩子的玩耍变得更有目标和意义。

那么，什么是有意义的玩耍呢？

是那些经由专家精心设计的、可以明确提高孩子某项能力的游戏或课程吗？

是父母花时间、花精力陪着孩子一项一项操作过关的游戏吗？

这样的玩耍太过刻意而非自然而然发生，玩耍变成必须在大人的条件设定下才能够实施的项目。或许，孩子因此丧失了比学到的更为重要的能力。

其实，真正有意义的玩耍并不是由大人来主导或限制的，真正有意义的玩耍就是大人认为最无意义的——孩子自由自在、随意自主的玩耍。

这世界对于孩子来说每一样都是新奇的，身边发生的大大小小的事都印入孩子的脑中，孩子通过玩耍把这些印入脑中的经验再现出来。这是一种非常重要的学习。

孩子的玩耍除了再现他的自我经验还加入了自我想象、组织、思考和发展。例如，一个孩子参与过一场婚礼后，他就会想要把他感受最深的部分玩出来。像小袋鼠经历过北京奥运会后，她回台北立即在幼稚园刮起一阵关于“跳水，好极了”游戏的旋风。随后，在公园看到树枝也会模仿标枪选手投掷出去。她把奥运带给她的经验经由玩耍释放出来。这种释放对于孩子身心的健康成长极为重要。因此，心理学上为了治疗孩童心理创伤也会用到游戏治疗法。

让孩子可以自主玩耍，最重要的就是要给孩子足够且自由的时间。不要把孩子的生活填满了各种活动，不要让他们自由支配的时间如课间10分钟这样短促。大人不要担心孩子会无所事事或者一事无成，而总想借由很多活动来填满他们的时间。当人总是被事情追着跑时，会养成忽视自己真正的兴趣和那份想要主动完成的力量。

给孩子整段不被打扰的时间，让他们没有压力，有着充分的时间去寻找玩耍的目标，并把心中的设想实施出来。对于孩子来说，在玩耍当中目的不是重要的，过程才是。在玩耍中不断有新的想象加入，也许会使玩耍偏离了最初的想法，但孩子享受的是过程，并会乐在其中。

孩子的玩耍，不需要大人过多的参与和引导，玩耍的走向应由孩子来做主导，大人只能在被邀请时偶尔点缀一下，不要觉得没有大人的参与孩子会很无聊。给孩子一些无聊的时光，就是给了孩子发现自我的机会。因为通过自主玩耍，孩子能够不断发现自我，发现自我的兴趣，发现自我解决问题的能力，发现自我创造事物的快乐……从而培养起孩子对自我的认知和肯定。

孩子和孩子之间的自主玩耍也可以培养其社会性发展，并让孩子在他人之中更好地找到自我。在长时间的自主玩耍中如果不被大人干涉和打扰，还可以培养孩子的专注能力，以及把一件事情尽管只是游戏也可以做完的意志力。

让孩子自主玩耍也不要给他过多的玩具。玩具越简单孩子创造游戏活动的空间越大。孩子的玩耍钟情的是借由玩具所创造的活动而不是玩具本身。例如，一根我和小袋鼠一起用手指编的绳子，可以是小袋鼠的腰带、小猫的尾巴、楼房电梯的缆绳、锅里的面条、钓鱼的渔线……

爱因斯坦曾说过：“想象力比知识更重要。知识受限于我们目前已知和了解的，但想象力涵盖了全世界以及将会被发现和了解的一切。”

自由玩耍可以激发孩子内在的想象力。在自主玩耍中，孩子身心合一。他们正在创造着自己，未来还会创造这个世界。

打招呼

人和人见面打个招呼是一件非常自然的事情，大人带着孩子面对他人第一件要教的事也必定是打招呼。这是一种最平常不过的礼貌。

小袋鼠婴儿期不怎么认生，在一两岁时是个把阿姨叔叔叫得甜蜜蜜的小宝贝；等到三四岁时，她开始心不甘情不愿地顺从大人的打招呼方式；到了五六岁，她开始用自己的方式来展现对他人的感受，而不会随大人的意愿进行礼貌的问候。在打招呼这件事上小袋鼠似乎越活越回去，长大后还不如小时候大方有礼。其实，这是孩子的一种成长。

打招呼从孩子的角度来看，不仅仅是礼貌的展现，更是一次孩子与他人正面直接接触的体验。而孩子对于他人的感知，每个时期都会有不同面貌的展现。

对婴儿期的孩子来说，世界是浑然一体的，孩子不会对他人展现明显的感受；随后，他们便开始了第一次的认生，用哭拒绝陌生人的抱抱；经过牙牙学语后，他们又表现为乖巧可爱、人见人爱的小宝贝；接下来经历人生的第一个叛逆期，他们会用否定的姿态来寻找自我；然后自我意识开始萌芽，他们发现世界并不是合一的，开始对“你”“我”“他”有了认知；接着他们的自我意识更加清醒，对自我的感受和觉知展现得更为强烈……

一个幼年期的成长如此展开，而每个孩子因个性和气质的不同，在每一步的成长中，也会展露出不同的行为模式。

大人看到他人可以随口轻易地问候，这是因为大人心智已发展成熟，可以快速地作出对他人的判断，并按照社会规范作出适当的反应，而孩子在这方面是需要学习的。

当我们带着孩子外出遇到朋友时，我们大人先做好适当的问候，然后要清楚地向孩子介绍朋友，要告诉孩子阿姨或叔叔叫什么名字、怎么称呼，以及和爸爸妈妈的关系，再要求孩子打招呼。这样孩子内心对他人有个大概的图像，孩子会比较愿意开口。如果孩子不愿开口也不要勉强，这表示孩子希望和他人保有他可以接受的距离。

同样地，我们在见到带孩子的朋友时，除了向朋友打招呼外也应很清楚主动地向孩子介绍自己。还有，当大人事先准备要拜访朋友或朋友要来访时，可以提前跟孩子多次讲明，让孩子有心理准备的时间。尽管这样，也许孩子还是无法达到大人的要求，但不表示他没有在观察和学习大人的交流方式。

小袋鼠幼稚园的一个男同学也和小袋鼠同样有着既热情又害羞的个性。一次，全班的小朋友和家长一起去宜兰游玩，之前班上的一个小女孩随全家搬到宜兰，那次特地跑到饭店来看大家。这个女孩漂亮、文静、乖巧，几乎是班上全体男生心目中的小公主。孩子们见到旧友都很开心，那个男孩也很希望见到她。男孩的妈妈带着他去女孩的房间，在房门前男孩却踌躇不愿进门打招呼了，他妈妈就把他带回自己的房间。男孩这样来回三次还是无法跨越自我的“心理门槛”，他妈妈给他最大的包容，没有强迫他进去。因为与他人见面不仅是要学习和他人相处，也要学习如何面对自我。

小袋鼠也有过这样的经历，在面对熟人的再相逢时，她无法平衡害羞和热情兴奋这两种对立的情绪，经常会有很强烈不合乎大人规范的举动。

一次在幼稚园，一位毕业生的家长突然来园，小袋鼠很久没有看到那位阿姨了，十分高兴，就和另一个孩子围着阿姨用小木头当枪对着阿姨开始“嘭嘭嘭”。老师立即走过去拉着两个孩子的手说：“我知道你们想和阿姨打招呼，可是你们这样的方式，阿姨会不舒服。打招呼应该说‘阿姨好’，请你们下次不要再这样了。”老师很清楚地指出他们错在哪里，并告诉他们该如何做。

在孩子的每一个学习过程中，大人都要给予大量的包容和适当的指引，而不是指责。我最常遇到在孩子不愿开口打招呼时大人立刻脱口而出：“叫人啊，怎么这么没有礼貌。”这是对孩子一种强烈的否定。礼貌，对于孩子是非常抽象的概念，孩子未必懂得什么是礼貌，为什么要有礼貌，孩子会打招呼不代表他真正地懂得礼貌，礼貌更应是对他人和对自我的尊重，这份尊重需要把真心放进去。

孩子的成长需要经历内心的冲突，需要不断犯错，因为这些过程能够让他们学习和寻找“我是谁”“我如何与他人相处”“我如何面对自我”……这些问题也是一生的课题，所以打招呼可以不仅仅从礼貌的角度来看待和思考，多给孩子一些成长的时间。

孩子的图画世界

毕加索曾说：“每个孩子生来就是艺术家，问题在于长大如何仍保有这样的天赋。”

幼年期，孩子的绘画始于生命的原动力。在《探看幼儿的涂画世界》这本书的译者余若君老师的序中概括道：

每一个孩子都会涂鸦，3岁时在乱线混沌中出现了来自宇宙的运转轨道，圈出了跨越文化时空的圆；接下来的十字、太阳、充满触角的各式存在体，是和世界友善的招呼、接触；4岁左右画楼梯、格子，乃是感受到原来肉身是一个框框；6岁之前一步一步画出人、树、房子……进入天地间人世秩序的画面……

孩子在幼年期的涂鸦，那些看似毫无意义的线条，其实是在展现生命的发展过程。因此，孩子挥笔时并不是用头脑来画，而是用整个身心来投入、来表达。

我观察小袋鼠每个时期所图画的方式，都完全印证了《探看幼儿的涂画世界》这本书的论点。

如何才能保护孩子“爱画画”的能力呢?

面对孩子乱线般的涂鸦，大人不要取笑，不要不以为然。

在小袋鼠的涂鸦时期，我就给她准备了可以随时用的图画纸和图画本，尽管她涂的都是乱线，我也都把它们放入一个专门的漂亮纸盒完整地保存下来。小袋鼠感受到我的珍惜，所以很爱涂鸦。

一次小袋鼠爷爷过生日，小袋鼠的堂姐画了非常漂亮的画当礼物送给爷爷。小袋鼠也涂画了一张，同样拿去送爷爷。爷爷夸奖了她堂姐的画，而看到小袋鼠的画，爷爷笑了，问：“你画的是什么呀，爷爷完全看不懂，你画画要加油哟！”

爷爷无心的笑和话，让4岁的小袋鼠很受伤，她随后一段时间都非常不想画画。她说：“妈妈，我不会画画，我画不出来像堂姐画的那么漂亮的画。”我不时安慰她：“堂姐比你大很多，她的画有她的好，你的画有你的好，妈妈一直都非常喜欢你的画，妈妈都好好地把它们收藏起来。”当小袋鼠对那件事渐渐淡忘，她又开始重新享受随意涂鸦的乐趣。

要想保护孩子“爱画画”的能力，大人千万不要给孩子示范，不要教导孩子要怎样画。

小袋鼠1岁多时，一次我陪她玩耍，我当着她的面随意地在纸上画画并告诉她我画的是太阳、花朵，后来，小袋鼠也在纸上随意地画了一团曲线，然后在四周乱点，告诉我那是太阳。随后，小袋鼠的太阳都长成那样，我才猛然觉醒，我示范的太阳限制了小袋鼠对太阳的表达。

那刻的觉醒对我非常震撼，从此我再也不给她做任何的画画示范，就让小袋鼠自由地乱涂乱画，等小袋鼠长到四五岁时偶尔表示她不会画某个图形，我也不教导她。我始终希望她保持自我想象的自由发挥空间。

我很庆幸自己觉醒得早，小袋鼠的画中只有太阳有着我的影子。因此，对于孩子进入绘画课程的选择，大人也要特别谨慎。

一位朋友曾告诉我，他的孩子非常爱画画，所以从幼稚园就开始带孩子去上特别的画画课，画画课的老师会教给孩子很多，例如如何用虚线断线表现下雨，如何用曲线表现云朵……

我听后非常惊讶。老师的这番教导是可以提早让孩子画出“像样”的图来，可是也完全抹杀了孩子的想象力。孩子以后在图画中画雨时，首先想到的会是老师教的虚线，孩子完全没有了自己的创作空间。可是，雨为什么就一定要用虚线表达呢？

如果画画课程是教导式的，千万不要带孩子去上，会提早扼杀掉孩子的艺术天分。等到孩子有了非常成熟的理解力时才需要学习绘画技巧，而对于幼年期的孩子重要的是要培养他们享受艺术的心和保护他们天马行空的想象力。

当孩子拿着刚完成的画来给父母看时，大人不需要直接问：“你画的是什么？”因为有时孩子只是享受图画的过程而非向大人展现完成的成果，并不是寻求大人的评语或赞美。在孩子希望表达他的作品时，大人可以说：“我猜猜看是……”或者“你用了好多粉红颜色……”给孩子一个可以讲下去的空间。

当孩子表达他在画的是什么的时候，大人也不要说画得像不像，因为绘画重要的不是像不像，重要的是自我如何表达。尽量让孩子用自己的方式表达，这和像不像无关。

在孩子绘画的过程中，大人也不需要过多的赞美。

不要让孩子习惯赞美后只是为了赞美而画，要让画画成为孩子像玩耍般经常想做的自然的事，这对孩子的身心成长是非常重要的。因为艺术是情感表达的最佳方式，孩子在成长过程中需要借由艺术性的表达来抒发他内在的情感和情绪，抒发不断吸收到身体内的这个世界的各种信息。

画画就是孩子与生俱来的艺术性表达方式，需要大人有意识地保护而不是教导。

读书与听故事

一个看上去四五岁的小女孩用手指着绘本一个字一个字地慢慢念着，她的妈妈陪在旁边专心地听着，不时地指正她读错的字。这个画面有时会在我身边的图书馆或书店中上演，只是主角不同。看到这个画面一般来讲大人都会感叹：“哇！这个孩子好聪明、好厉害，小小年纪已经会认那么多字了。这个妈妈真会教。”

而我却有不同的想法，甚至会对小主角有一丝丝的不舍。

为什么很多大人都希望孩子早点儿识字？因为孩子早点儿认识很多字，上学比较有竞争力；孩子早点儿认识很多字，自己就可以阅读很多书了……这或许又是希望孩子不要输在起跑线上的观念在影响大人的思考。

为什么希望孩子学会识字后可以早点儿自我阅读？因为每个人都知道书是“好东西”，孩子在书中可以学习知识、陶冶心灵，然而幼年期的孩子在一个字一个字的阅读练习中真正可以达到这样的目的吗？在我的认知中如果想达到这个目的，让孩子听故事比让他提早自我阅读更有效。

听故事是每个小孩的共同需求，应该没有小孩不喜欢，因为它是一个非常美妙的时刻。在听故事时，孩子不需要做任何事，他可以舒服地用任何姿势依靠在大人的身边，他可以放松地任由自己的想象随着故事起伏跌宕，他可以温暖地感受到一种被爱的喜悦。单单是这几点就可以看出年幼的孩子在听故事时和在训练自我阅读上有着多么本质的区别。

在孩子听故事时借由大人完整流畅的叙述，不仅可以提供给孩子语言韵律的美感，也提供给孩子一个个完整的影像让孩子深入其中，在故事中寻找自己，把心与情绪交给故事中的角色，不断在故事中获取滋养。例如，孩子经常会一而再再而三地让大人重复某个故事，就是因为他在这个故事中找到了某些他内心需要的力量和印证，他需要通过重复来不断地深化。

文字是极为抽象的语言转化，让孩子一个字一个字地来读书，孩子所有能量都专注在一个字一个字的认知上，无法轻松地展开对于故事完整的想象画面，故事便不会深入到心灵层面。当孩子到了学龄期，拥有了足够的抽象理解能力，他会自然而然地开启自我阅读的智慧，捕捉到书本整体内容的画面。

也许有人会担心如果不提早培养孩子的自我阅读，到了学龄期孩子就可能会变得不爱看书。其实，当大人时常讲故事和读绘本时，孩子自然会知道所有那些美好的故事都是从书中而来，随着年龄的增长自然就会一直拥有想要去探索书中那些美好秘密的好奇心。听故事完整地保护了孩子那份对书本的好奇心。而孩子在一个字一个字读书时，大人在旁边扮演的通常是监督而不是陪伴的角色，也许大人的态度非常温和、有耐心，但那不断被纠正和打断的压力会在无形中悄悄地进入孩子的心灵，使读书提早变成一份功课。

有多少孩子是主动又喜悦地接受功课的？如果大人再对孩子念书过程中

的一再读错缺乏耐心，那么孩子在读书上面收获的将只有挫败感和紧张的亲子关系。显而易见，这样的读书就不会成为孩子主动的爱好。培养孩子读书的好习惯，需要我们先培养孩子对于书本在时间上和心理上的轻松状态。

此外，当我们专注于孩子头脑训练时，孩子提早识字了，提早阅读了，我们大人有没有想过他错失掉了什么？就像孩子上街只专注于每个写有文字的招牌，没有注意到早上的小鸟叫得特别欢快，没有注意到春天来了风变暖了，没有注意到一夜之间一棵小树的叶子就掉光了……孩子错失的只是风景吗？

电视不是保姆

每个大人都可以发现，孩子看电视时最乖，全身心都被电视吸引，不再吵吵闹闹。所以有的大人在带孩子过程中为了让自己轻松些，就把孩子交给电视机。慢慢地，孩子对电视会产生强烈的依赖和欲望，看电视的时间越来越长。

但是电视不是保姆，它不会帮助孩子完成幼年期所需的成长学习。

我们都知道，人的大脑在最初的3年发育得最快。而对于大脑的刺激是在孩子与他人的互动和他对于环境事物的探索，以及在探索过程中对于问题的解决中实现的。而这些是电视无法提供给孩子的。

电视让孩子变安静，所学到的只是大人设计好的“知识”。这是非常被动的学习，不是经由孩子主动对于人或物的探索而来的。两者之间有着本质的区别。

电视也不是最佳的榜样。在幼年期，孩子的很多生命体验主要经由模仿而来。孩子的照顾者在生活中的点点滴滴的言语行为都是孩子的模仿对象。孩子在模仿的过程中不断认识这个世界的运转方式，成人成为他可以依寻的榜样，这一切的发生都是真实的。孩子通过看电视所学习到的是由大人设计过的世界的互动，这并不会有助于他们对真实世界的理解和认知。在没有真实的榜样可以带领的生活持续下去时，这种生活模式对于孩子的成长是十分不利的。

有报道指出，看电视时人的脑波活动非常低，比睡觉还低，孩子在电视前面基本是僵化的状态。同时，由于电视画面的快节奏剪接手法，也会影响孩子连续注意的能力，容易造成孩子无法长时间集中注意力的问题。而且电磁波对身体的伤害我们更加不得而知。

正因为电视会给孩子造成很多伤害，法国在2008年已经禁止播放所有以3岁以下小孩为观众群的电视节目，其中的缘由就是："看电视会伤害3岁以下的小孩，造成某些危险，鼓励了被动的心态，减慢了言语的能力，产生过度激动、睡眠问题、不专心和依赖荧幕等问题。"

同时，当父母要求孩子远离电视时，父母自己也要以身作则。这对于成人也是一件非常不容易的事，因为对于很多家庭看电视已经成为日常生活中不可或缺的消遣方式。甚至有些家庭拥有多台电视，晚餐后的时间有时会出现一人抱着一台看的情形，造成电视"第三者插足"家人相处的局面。

曾经，小袋鼠的朋友来我家时，就非常惊讶地问我："你们家不看电视，那要做什么？"我回答："有太多事可做，玩啊，做家事，聊天，运动，散步，去公园，画画，看书……这样都太忙了，哪有时间看电视啊？"

当电视不再是全家人的最大爱好时，家人一起互动的空间会变得很多。而且电视节目逐渐变得过度娱乐化，值得观看的并不多，节目中大量的广告也把孩子提早带入了物质消费世界。

如果电视已经成为孩子的依赖，那么我们大人至少应把使用遥控器的权利拿回来，逐步减少孩子看电视的时间，订立相应的家规并持之以恒地实行。千万不要让电视成为孩子的保姆。也许改变是困难的，但对于孩子有益的努力不值得一试吗？当其他更有意义的活动代替了看电视，孩子就多了发展内在创造力的机会。

上学是玩吗

带孩子出门遇到亲戚朋友，他们经常逗问小袋鼠的一句话就是："你上幼稚园都学什么啦？"小袋鼠大多理都不理，有一次她向我理直气壮地说："妈妈，我上学是去玩儿的，才不要学什么呢！"

小袋鼠上的幼稚园既不是双语也不是饱读经书，孩子们每天要做的就是在固定的节奏下玩儿和生活，老师没有刻意教孩子们任何认知学习，所以她说的"我上学是去玩儿的"这半句一点儿都没错，可是下半句"才不要学什么"从何而来？小朋友天生并不会把"玩"和"学"当成冲突。我左思右想发现这句话应该源于大人的谈话，我每次向朋友介绍小袋鼠的幼稚园时总会强调7岁前不需要过多的脑部认知学习，而需要大量的自由游戏——也就是玩儿……小袋鼠在旁无法理解我所说的全部含义，只抓到只言片语"上学是玩儿，不是学"。

可是"玩"和"学"是对立的吗？

在我儿时，"玩"和"学"在大人嘴里就是矛盾体。"玩"往往和"不乖”联系在一起，常常组合成贬义词，如“贪玩”“傻玩”，也时时发展成责备的话，如“就知道玩儿”……小孩子如果只懂得“玩”，而不知道“学”，那对大人来说是一件非常恐怖和糟糕的事情，是必须要校正的。再谈谈“学”，“学”往往是正向的鞭策，跟期望、得失、结果、奖惩挂钩，对孩子来说“为什么学”不重要，“学的结果”很重要，因为那个结果就是孩子“唯一”一把开启下一个阶段的钥匙。

在这种教育理念的灌输下，我一直是个乖乖小孩，对于“玩”有很深的罪恶感，害怕因“玩”而自毁前程，“玩”始终在心底被压抑着。而对于“学”也有着很深的惶恐，到现在做噩梦仍是考试。回顾过往，我总觉得自己成长的过程中既没“玩”好，也没“学”好，现在才真正懂得“玩”和“学”的意义。

现在，成人对教育有了更多的觉知，但也有着更多的惶恐，总害怕自己孩子学得不够多、不够早，而拼命地压缩孩子的童年。其实，童年就应该让孩子在规律的作息和安全的界限中尽情地玩。在玩中，孩子可以发展想象力、创造力、意志力、组织沟通能力、语言表达能力、逻辑空间能力……玩儿就是学。

如果可以把自己一生都玩得精彩，那也是一件很了不起的事。想玩儿，就玩儿吧！

妈妈不做追债人

早晨，母亲来电话聊了一会儿，她突然问：“你这几天都在做什么？你的第二本书开始写了吗？”我刚把第一本书完稿，书还没面世，母亲就开始追问我的下一本了。心里的不耐烦立刻升起。从小就生活在母亲的紧迫式关切中，年轻时偶尔反呛回去，也因而引起了一些争执和不愉快。当下，我意识到自己的情绪，快速把不耐烦的“云朵”赶走，耐心地回道：“这两天忙着写一份策划案，第二本书还没开始写……”

想起朋友曾经讲过的一件事。一天，她很晚才下班回家，一进门看见读高中的儿子在玩电脑游戏。她立刻非常不高兴地说：“你怎么在玩游戏？你写完功课了吗？”儿子停下来看着她，也生气地反问：“妈妈，我们一天没有见面了，你难道看见我第一眼的问候就是这个？你都不关心我今天过得怎样？你有没有想过我今天心情好不好？晚餐吃了没？你在意的只是功课吗？我告诉你，我刚写完功课，才开始玩一会儿。”朋友被儿子一连串的反问震撼到，她立刻开始反省自己……

每个母亲都关心孩子，都希望孩子好，但我们所关心的重心可能只是事情本身，而忽略孩子的感受。在孩子小的时候，作为母亲最常叮咛的就是“你作业写完了吗”“功课复习了吗”“今天琴弹了吗”“英文背了吗”……母亲就像是一个追债人，每天重复勾销着一笔笔债务。

或许，在教养的过程中，我们忽略了作为父母最重要的责任，就是要建立自己对孩子的信心。这份信心来自于我们对孩子日常生活自我主导能力的培养。当孩子慢慢长大，开始一步步掌控自己的事情时，父母就应该放手，放心地让孩子自己安排事情。我们真正要关心的是孩子经由事情而产生的感受。当两代人的对话放在自我感受的分享时，才能达到心与心的深层对话，否则代沟的存在和冲突的爆发一定无法避免。

小袋鼠开始上学后，我一直不断警惕着自己变成追债人的倾向。我不断培养她，让她慢慢学会安排自己的时间，主导自己的学习。她的作业我不会检查，对错是她自己要承担的责任。弹琴的时间我不会规定，她自己决定时间的分配。我不需要紧盯每一件事，我只是需要和她一起坐下来好好回看她对自我的安排。

每天送小袋鼠上学时，我的离别话语也绝对不会叮咛“你上课要专心”或者“考试要认真”……我总是送上一句祝福：“宝贝，祝你有着愉快的一天。”

因为啊，我的孩子，你的妈妈不想做个追债人。我重视你的感受远远、远远超过事物本身。

· Chapter 2 ·

妈妈的觉知与反思

大海微笑着唱着歌

我不需要说

你已经知道

你正用胖胖的脚丫

踏出水花的节拍

树叶快速地跳着华尔兹

我不需要说

你已经知道

你舞动着小小手臂

快乐地随风旋转

这世界的奇妙

我不需要说

你全部都知道

你正把身心投入其怀抱

回应着美好

呼吸与成长

生命伊始就会呼吸，这是生命的本能。而这种本能发生在每时每刻，以至于不需要过多的关注，它就是如此地自然而流畅。可是另一种更深层的呼吸是在心灵，如果不去细心地体会，有的人可能一生都不会察觉，那么他的心灵一定是沉甸甸的。其实身体需要呼吸，心灵更需要呼吸。

年幼的孩子用身体不断地探知、认识这个世界，所有的感受都进入他们的身体，就像吸气一样；而当他们游戏时，便把这种感受不断地释放出来，就像呼气一样。游戏和学习就是呼吸。

父母很容易一味担心孩子吸收得不够多，总想快速地让孩子掌握更多的认知，而忘记关心他们在“吸”的同时有没有“呼”出来。我们可以找出孩子一天中生活的规律，让他们在“呼”与“吸”的交替中快乐地成长。

生活中，我们和朝夕相伴的家人有没有建立起一种模式：当对方倾诉时，我们愿意是一个“篮子”，把快乐的果实留住，把忧伤的浊水漏掉。而当我们倾诉时，我们愿意是一面镜子，把情绪的尘埃擦掉，把思考的本质展现。

这类模式对于我们自己、父母、孩子和爱人都是非常重要的，让我们更懂得体会自己和家人的内心需求。因为倾诉和倾听就是呼吸。

和生命同时而来的还有一个重要本质，就是爱。我们从一出生就无时无刻不在渴望爱、寻找爱。但我们很容易忘记爱的样子，经常找到了却又弄丢了。其实，爱就在身边、在心里，我们需要放慢脚步仔细地体会和努力地付出。因为爱和被爱就是呼吸。

身体会有一天不再生长，可是心灵却需要不断地成长。我们可以把生活与工作当成呼吸，把自己独处与和家人朋友相聚当成呼吸……我们不断吸收新的未知，不断释放已有的所知。更为重要的是，我们每天重复这种呼吸，从中找到自己生命的节奏，并借由生命的节奏捕捉到生命的意义。

当下，我正是在用喜乐的心去体验生活和记录生活，这就是我“呼吸”的一种方式。

牵手与放手

小袋鼠的幼稚园同学和妈妈参观即将就读的小学时，妈妈和孩子闲聊，问孩子："宝贝，你来到小学是要学习什么？"

孩子想了想指着学校中一段高高的石阶回答："是要学习走上这些阶梯时，不用再牵妈妈的手。"

多么充满哲理的回答，让我们这些妈妈听后都感动不已。

父母和孩子的相伴不就是一段牵手与放手的旅程吗？

何时应该牵手，何时应该放手，这是父母不断要学习的课程。

孩子在婴幼儿期最需要父母温暖的大手，我们是不是抛得下我们已有的生活惯性，为了孩子重新定位自己？

或许我们因为担心失去工作，担心失去自己的时间、空间，担心一方不工作家庭收入会变少，担心与社会脱节，担心身材相貌走样……而把小手塞进长辈的手、保姆的手，而这些担心真的比那伸向我们的软软的小手更重要吗？

我们的担心背后隐藏着什么？

我们早早地结束哺育重回职场，将孩子交由别人来“养大”；我们早早地用补习班占满孩子的时间，怕他们输在起跑线上，将孩子交由别人来“养大”……而我们只成为出资方，与孩子相伴的时间短之又短。

年幼的孩子并不在乎房间的大小，不在乎衣服的品牌，不在乎学校是否是全美语教学……他们真正渴望的是由父母的陪伴、关注、赞美、教导而产生的亲密的亲子关系，这是一种爱与被爱的连接。

可是在孩子这段最需要牵手的时刻，我们却不断地放手。

而何时才是该放手的时刻？

随着孩子的成长，开始真正的展翅高飞，开始拥有独立生活的想法和能力时，我们这时该给他们的除了祝福还有放手。

孩子要展开自己的人生，他们有着自己的人生任务，我们不能用我们的不舍牵绊住他们的脚步。

或许我们会担心他们的升学，担心他们的就业，担心他们的婚姻，担心他们的人生……这种担心无不强烈地暗示着我们对于他们的不信任。

同时，我们还要担心自我的孤独，担心老无所养，担心死亡……

我们担心的背后隐藏着什么？

是否隐藏着我们对不可预期的未来的恐惧，这份恐惧一定会不断地传递给孩子。

孩子是上天赐予父母的一份功课，借由与孩子的朝夕相伴，让我们重新体会一个人的成长过程，进而回溯自我，向孩子学习那最纯真的心。这份功课将会转化成一份礼物，因为我们通过孩子完善了自我。

而我们是否接受了这份功课？

通过我们牵手与放手的过程，孩子学到了什么？是爱，还有责任与担当。

孩子也会通过自身的感受感悟到对于父母、未来自己的孩子、他人，何时该牵手、何时该放手。

关照孩子的灵性

小袋鼠和爸爸玩棒球回来，与我约好在楼下会合，准备一起外出用餐。远远地看着小袋鼠向我跑来，这时天空已经飘起雨，台北的冬天十分阴冷。小袋鼠跑过来兴奋地抱着我叫着：“妈——妈——”

我皱着眉头问她：“怎么没把外套穿上，下雨了会感冒。”

我从赶上来的老公手里拿过小袋鼠的衣服给她穿起来，忍不住又唠叨了一句：“运动完还是要把衣服穿好，如果出汗被冷风吹到很容易感冒。”

小袋鼠怔怔地看着我。这时，我回过神，问她：“怎么样？和爸爸打得开心吗？”

小袋鼠立刻恢复兴致勃勃的样子说：“嗯，很开心。妈妈，今天我接到好几个爸爸丢来的很难接的球哟……”小袋鼠开始滔滔不绝地讲她和爸爸打球的情形。

晚上，小袋鼠睡着后，老公开始和我聊一些他的感受：“我们父母有时不仅要照顾孩子的物质体，也要关照孩子的灵性。像今天，我们运动完回来，虽然下着雨，可是宝贝的身体是充满能量地跑向你的，她身上的能量是完全可以把寒冷的入侵挡在外面，这时你不需要替她担心。你要看到她的灵性是多么闪烁地奔向你，而你的一席迎面而来的责问立刻比雨还强烈地把它浇灭了。”

是的，我后来有留意到小袋鼠情绪的瞬间变化，而赶紧抑制住自己，把她的兴致拉回来。但我所想的并没有老公深刻。

其实，我小时候也有类似的经验，当我兴致勃勃地想和妈妈说些什么还没张口时，妈妈会因其他事没等到我张口就先劈头盖脸地把我训斥一顿，我的心情顿时跌落谷底而不再有诉说的愿望。我今天的所做正如同当时的妈妈。如果我们父母总是如此对待孩子，久而久之，孩子就会越来越退缩，更不知道是否要表达自我、如何表达自我……

老公继续讲着：“当孩子在失落、伤心或被处罚委屈时淋雨，那时才需要担心，这时孩子的灵性已经受伤，她的物质体是无法阻挡外在的侵入和伤害的，这时她的身体非常容易生病。老婆，在照顾孩子生活时，要留意她灵性的自我。孩子的灵性想要与你交流时，你要接收到。比如，每次我帮女儿吹头发时，她总是很亲昵地叫着爸爸，她的灵性正与我交流，那时不需要太多语言，但作为父母一定要看到、接收到。这时，我的灵性会与孩子的灵性交汇，这是对于孩子最好的滋养。”

老公的话撞击着我的心，作为全职母亲的我时常困在生活琐事中，衣服加得够不够多，今天的晚餐煮什么，玩具收没收好，晚上几点必须睡觉……这些琐事固然重要，但也不能完全被牵绊，如果我只顾低头做事，就会忘记抬头看到孩子深情的双眼。这是孩子的灵性在寻找父母的灵性的拥抱。

父母在照顾好孩子的生活时必须也要关照孩子的灵性，慢慢孩子就能学会自己体认他的灵性自我，成为一个被自己灵性所牵引前行的人。被灵性牵引的人面对生活比较会忠于自己的心而不只是思考，比较会找到此生的人生任务。

唠叨是对孩子的不信任

很奇怪，做了妈妈以后的女人真的会变得越来越唠叨，或许是因为每个子女都是妈妈的心肝宝贝，妈妈潜意识里总是有着牵挂和担心。但是，当妈妈对相同问题不断重复着同样的叮咛时，孩子就会慢慢学会关闭自己的耳朵，很多话就成为有听无进了。

随着孩子长大，自主意识增强，他们会对那些父母不断重复的话产生厌烦，进而与父母产生代沟。父母要极力克制自己的这个走向，经常在话要说出口之前让自己停顿一下，有时就可以将话忍住不说出口。

记得小时候小袋鼠在路上走时喜欢跑跑跳跳，过马路时我总是会叮咛她要左看右看，看看两边有没有车驶来。有一次，老公提醒我，可以不用语言叮嘱，我立刻意识到自己的唠叨。其实，我已经和她讲解过多次过马路的要领，并牵她手做过多次。这时，我应该做的是跟上她的脚步，如果有任何危险时可以伸手拉住她而不是叮嘱。

小袋鼠从小也喜欢爬上爬下，在她登高时，我也试着不再用言语来告知“要小心，要扶好”，而是站在她的下面，放心地看着她，必要时才伸出手扶一下。

给予孩子动作上的帮助有时比言语的嘱咐更有正向支持力。

小袋鼠3岁多就会自己洗澡，我很放心地让她在洗澡时间独处。一次，在淋浴过程中她忍不住要尿尿，还没等我叮咛，就听到她嫩声嫩气地说：“要把尿冲干净，再把脚冲干净，脚指头都要冲得很干净，还要把小屁屁洗得很干净……”小家伙明白得很，还需要我再说什么吗？

小袋鼠去公园喜欢骑脚踏车，我必须一路小跑才能跟上她。于是，我告诉她每个路口甚至每个大楼的汽车入口都要停下等我然后一起过。小袋鼠对规则十分遵守，我不需要在后面边跑边叫着“小心车”。

因为太多的叮咛和嘱咐其实是一种大人对孩子的不信任，而一直在不信任的氛围下长大的孩子比较容易没有安全感和不自信。人只有生活在被信任的环境下，才能养成自动自发的习惯。

有时，孩子的问题会让大人很头痛，例如吃饭慢、不收玩具等，大人怎么说，孩子就是不改，大人的说教就变成了一种唠叨，而孩子把大人的话都当成“耳边风”依然我行我素。

小袋鼠也会有让我生气的屡教不改的行为，她经常将看完的书乱插或随手放在书架旁的地板上。我对她说教多次甚至有时发火，但她依然如故。

有一次，我们两人就此问题跟恳谈后，小袋鼠对我说：“妈妈，我会慢慢改，你要等我。”小袋鼠的一句话提醒了我，要改变习惯是需要时间的，教育无法立竿见影。而且孩子每一个坏习惯的养成一定是大人的引领没有做好，我开始反思自己的教养缺失：

首先，小袋鼠小时候是和我一起看书的，我总是随手就把书放下而不是每次带着她放回书架，没有帮助她养成自己放好书的习惯；

其次，书的摆放分类是我的安排，小袋鼠并没有参与进来而无法了解得很清楚；

再次，书本很重，书摆得过密的话，小袋鼠往外拿容易，往回插比较困难……

我把造成行为的原因想得很仔细，然后开始调整自己的做法，不再对此事唠叨。我把书的密度重新调整，并清楚地告诉小袋鼠书的分类，她也可以自己更改分类，还示范遇到一排书很重时如何两手一起把书插回去。之后，我又带着她一起做了几次。慢慢地，小袋鼠的书不再是横七竖八地躺在书架前的地上。虽然，她现在偶尔还会忘记，但我只要一说“书”这个字，小袋鼠就会很清楚地知道要赶紧收好，不需要我再喋喋不休了。

很多事情我们大人要学习相信孩子，学习了解孩子行为背后的原因而改善自己的引领方式。当然，更为关键的是还要学习给孩子时间，慢慢带领孩子改正不好的习惯，这样我们就可以避免过多的唠叨。

孩子的安全感来自妈妈的稳定

一位妈妈抱着还处于小婴儿阶段的老二，牵着老大参加老大学校的活动。老大参与的活动在一个室内空间，有些嘈杂。妈妈进来后拍拍襁褓中的婴儿说：“宝贝，不怕不怕，我们陪哥哥来玩儿。妈妈在，不怕不怕。”

人多的室内场合确实不适合小婴儿的来访，但妈妈独自带两个孩子。不得不把老二也抱来参加老大的活动。她知道这样的嘈杂环境对小婴儿是一种强烈干扰，所以她细心地一进门就先安慰老二，试图传递“有妈妈在一切都很安全”的信息给孩子，希望给孩子建立安全感。

这样的做法真的会给孩子传递安全感吗？

结果或许会不遂所愿。

这是因为当父母一进来就说“不怕不怕”时，潜意识里已经先预设孩子处于“怕”的状态，这表明父母对于环境所带给孩子的干扰是非常不安的。语言上的“不怕”和潜意识的“怕”是截然相反的。那么小婴儿会接收到哪一个呢？

我们人类的语言是具有思考品质的。这并不是天生就拥有的能力，是需要不断模仿学习才会准确掌握的。婴儿的发展还没有到达可以快速理解语言内容的阶段，当我们对着婴儿说什么的时候，他感受最强烈的是我们语言背后的态度、情绪和意识而不是语言本身。

小婴儿是用完全开放的感官来感受这个世界而不是思索这个世界，所以每个孩子一出生就拥有直接感受妈妈潜意识的能力。如果妈妈是不安的，尽管嘴巴上说“不怕不怕”，但小婴儿接收的仍会是妈妈内心的担心。这样并不会建立孩子的安全感。

当然，在嘈杂的室内环境里，空气、声音、光线、众多陌生的人……这些对小婴儿来说确实是非常大的刺激，容易造成孩子的不安。对于这一点，作为一个妈妈一定要有认知，尽量避免带婴儿来这种场合。

但是，生活经常有不遂我们意愿的情况，我们无法绝对避免把婴儿带到这种场合。那么，我们首先要建立自己的信心，相信自己对孩子与环境的观察能力，相信我们遇到任何状况都有能够为孩子解决的能力。这个信心可以帮助我们扫除自己内心的担忧和抗拒，让我们很稳定。而妈妈的稳定就是给予孩子最好的安全感，它可以形成一个看不见的保护罩，为孩子阻挡一些负面能量的入侵。

作为一个妈妈，内心要时刻有着这样的信心：我稳稳地站在这片大地上，我相信这个世界一定有我的立足点，这个世界所有的一切我都可以去面对。并把这样的信心不断传递给孩子。

感受美好瞬间

对于年幼的孩子来说，每一次出门都是一场有趣的冒险。在孩子眼中，这大千世界中的每一样事物都是如此新奇，如此神秘，等待他们去探寻。

我每次带小袋鼠出去都会预留出充足的时间，让她可以在草地上爬个够，可以在短短的巷弄中走上个把钟头，可以在公园中只是找石头，可以发呆般地看着天上的云朵，可以一遍又一遍地踏着落叶笑着听落叶发出的声音；我也允许小袋鼠在下小雨时专门走有小水洼的路，看溅起的水花……

不要一出门就不停地催促孩子从一个目的地赶往另一个目的地，因为那只不过是在赶路，而失去了体验自我探索的美妙机会。生命的意义不在于赶路，而在于全身心地去经历这个在路上的过程。

在路上指认每个招牌上的文字教孩子认字，会过早地让孩子专注于文字，而错失空中正在飞舞旋转的一片片黄叶，错失正从枝头欢叫着飞过的一只只小鸟，错失在花丛中飞舞的一只只彩色的蝴蝶，错失停在溪边石头上的一只只红色蜻蜓……自然中那些最细小的美好瞬间，可以真正碰触、抚摸人的灵魂。

不必在公园让孩子熟记每棵植物的名字，让他了解每种植物的属性和特性；不要过早地把他局限在前人的定义里，这样会让孩子忘记闻一闻花瓣的味道，忘记摸一摸叶子上细小的绒毛，忘记尝一尝草根的甜涩……而孩子通过自我探索学到的东西永远会比我们想教给他的要多得多。所有理性的认知，我们可以耐心地等待他准备好抽象思考再开始。

打开孩子的感受，就如同给予孩子一双飞翔的翅膀，孩子的生命会因有着细腻的感受和无边的想象而丰盈。

让孩子体会双肩的担当

每个妈妈可能都有这样的感触，自从有了孩子，出门通常是大包小包一大堆，要带尿布、奶粉、水果、饼干、水杯、环保餐具、毛巾、外套、帽子、小玩具、常备药品等各种物品。虽然随着孩子长大，为孩子携带的东西会略微减少，但只带一些基本的用品仍然也会是好大一包。

有一次，和一位朋友约好一起出去玩。朋友是个细心的妈妈，她有三个孩子，为每个孩子准备的用品都是各自单独一份，光是水壶孩子加她的就有四个。所以身上背着手里提着两个大包。那日初冬小雨，我们带着孩子走进室内，她还要帮孩子们拿着雨衣和外套，双手双肩的负重真是不少。看着她如衣架、置物柜般的样子，我忍不住对她说："你给孩子各自准备一个背包吧，水杯、外套让他们自己背，你这样什么东西都自己拿太辛苦了。"

给孩子一个背包，让他管理自己的物品，这也是一个很好的责任感培养方法。

从小袋鼠很小的时候开始，每次出门我都会给她准备一个自己的背包。刚开始时，我只往里面放一件她的外套，随着年龄的增长，逐渐增加里面的东西，增加背包的重量。在小袋鼠大约两岁时，每次坐飞机回北京或者出门旅游，我一定会给小袋鼠一个自己的“小行李箱”——拉杆书包，里面都是她随身用的物品。她总是很得意地一手拉着小行李箱一手牵着我，走在来去机场的路上。

其实，孩子都喜欢模仿大人，非常愿意有一个属于自己的背包。但是，千万不要让孩子的小背包变成名不副实的“样子货”，结果他的东西还是由大人帮忙看管。在出门时，大人要教给孩子如何管理好自己背包里的物品，让孩子从小学会照顾好自己的物品，慢慢他就会养成自我管理的好习惯。

除了让小袋鼠自己背自己的东西，我还会刻意让她分担些我的职责。每次带她出门买菜，我都会给她也准备一个小小的袋子，让她一起帮忙把食物提回家。有时，尽管买回来的物品不多，我一人完全可以独担，但我还是会在她力所能及的重量内往她袋子里放上一两样，让她参与分担。

小小的背包，可以让孩子从小就开始体会自己双肩的担当。

痛的体验让孩子成长

到现在，我妈妈还时常用责怪的语气讲起我狠心让小袋鼠吃辣椒的事。那是在小袋鼠两岁左右，我们在姥姥家过暑假。一天，一家人在外用餐，有一盘菜上面满满都是红色的小灯笼椒，看起来红艳艳的非常好看。小袋鼠指着辣椒说要吃，我和我妈妈都告诉她："这个是辣椒，很辣，不能吃。"但小袋鼠就是很坚持地指着辣椒"要吃"。我知道她没有体验过辣，根本无法知道我们语言上的"辣"是什么意思。于是，我就夹了一个小辣椒给她，她一口咬下去立刻就吐出来开始"哇哇哇"地大哭。我把她抱起来安慰，给她喝凉水缓解。姥姥在一旁骂我"真是狠心"。

其实，不是我狠心，而是我知道如果小袋鼠不尝一次辣，她是不会真正了解什么叫"辣"的。只是我们大人都舍不得给孩子一些痛的感受。

在花园里，我经常看到老人在带孩子时非常害怕孩子摔倒，孩子脚一软还没等摔倒就立刻被拉起来。老人十分舍不得孩子感受摔倒的痛。但是，因为心疼，却让孩子失去了摔倒后再站起来时对自我身体平衡的锻炼，也失去了因摔倒后再用自己能力站起来而发展出的对自我的信心。我们大人都太过于担心孩子会痛了。

小袋鼠四五岁时就开始学习用真正的刀子切蔬菜和水果了。幼稚园和家里都有适合她这个年龄孩子可以运用的小菜刀。很多朋友还有我的父母对此都很惊讶，他们都有这样的疑惑，这些工具对于孩子是否太过危险了？而我和幼稚园的老师都有着相同的观念，孩子在大人的监督和陪伴下正确使用工具是绝对安全的。

我会先给小袋鼠好切的食材，先让她练习切大块。从中教会她拿刀的方法，在一旁仔细地看着她用刀。像圆形的水果我会先切一半，让水果有个稳定的立足平面再交由她接手。这样慢慢做好了再增加难度。

其实，孩子即便不小心划破手也是皮外伤，并不会危及生命，只是有点儿痛。但孩子很快就会忽略痛，继续她的生活，但她一定会记得下次要避免再次发生，知道如何小心。作为大人，我们不必太过担心孩子遭遇到小小的皮外伤。

我们每个人的人生都是在痛中获得成长的。人只有真实地感受到痛，才会有深刻的觉醒和感悟。无论是身体上的痛楚，还是情感上的痛楚，抑或是精神上的痛楚，都会给我们很多教训，让我们去学习，去成长，去不断地调整自己的生活方式。在经历过痛苦之后，我们才能够学会如何自我“小心”。人的本能，总是让我们往避免产生同样痛苦的道路上走。

孩子也需要适当地经历一些痛的感受，当孩子摔倒或不小心划破手指后，他自己就会自动学习如何避免发生同样的失误。从小不断培养孩子对于痛的承受能力，孩子才会变得坚强。当孩子进入学龄期，也要放手让他体会一下学习上的痛苦，当他通过自己的努力战胜痛苦时，就会对自我的能力深具信心。经过不断小的痛苦的磨炼，孩子长大成人后才不会在面对人生的各种挫折时，选择用各种负面的手段来逃避痛苦。

痛苦是生命对自我的觉知。

孩子，你可以关门

是否每个人在小时候都会有想把自己房间的门关上，做些不想让爸妈知道的事的时候?

我渴望拥有自己的房间，可以把门关起来，可以有个上锁的抽屉来收藏自己的小秘密的时候，已经上中学了。

小袋鼠4岁时就已经开始把自己的房门关上……

小袋鼠有时候会猫在自己房间里面看书，有时候涂涂画画，有时候玩玩具……进行着她自己的“小秘密”。尽管她还不懂什么叫秘密，但已经知道有些事她想自己单独做，不要在爸爸妈妈的目光下进行。

而这时，我刚好可以躲清静，尽量不去干扰她，尊重这个小小的个体。如果要进去，我也会先敲门或者告诉她“妈妈要进来喽’。

可是发生了一件让我产生动摇的事：

一个周日晚上，我和小袋鼠一起收拾玩具，我吃惊地发现她书桌的抽屉里有一大撮长长短短的头发，我忙问她：“宝贝，这是谁的头发？”

小袋鼠脑袋凑过来说：“我的啊！我自己拿剪刀照着镜子剪的啊！”

我心里一惊，好在书房的剪刀都是儿童专用的圆头安全剪。我打量着小袋鼠的娃娃头，她发量很多，竟然看不出有什么变化：“你剪的哪个位置？”

“这边。”小袋鼠用手指指她脸的右侧边。

小家伙没有剪得参差不齐，再仔细看也没看出不同，可是剪下的头发真的不少。

“什么时候剪的，妈妈怎么不知道？”

“前几天我关上门剪的啊。妈妈，你看，漂亮吧！”

我不想赞美也不想批评小袋鼠，双手扶着她的肩膀很慎重地说：“宝贝，如果你以后想修剪头发，请告诉妈妈，好吗？妈妈帮你剪或者我们去理发店剪。你现在太小，自己剪，一不小心就会把脸或耳朵划破受伤，知道吗？”

“噢，我知道了。”小袋鼠看上去很诚心地答应了。

后来和朋友聊起此事，朋友立刻斩钉截铁地回复道：“不可以让小孩子关门，我们家的孩子一要关门，我就知道没什么好事，太明显了，做什么事非不让爸妈知道呢？绝对不可以关门！”

小袋鼠姥姥也忧心地说：“别让孩子关门，多危险啊！”

但是经过仔细的考虑，我还是允许孩子关门。

孩子一经出生离开母体，就是一个独立的个体，他要开展自己的人生。我想给孩子应有的尊重，即便他还很幼小，也是如此。

我想要做的是，再次好好检查房间里有没有安全隐患，并再多教小袋鼠几次一些物品的安全用法。

孩子慢慢地长大，想必关门的频率会更高，而父母操心的事也会更多。

如何细心地观察孩子，如何与孩子有效地沟通，这才是我要做的功课。

我相信，当孩子愿意永远对父母敞开心门时，父母就不用再担心他关上房门了。

（后记：后来，小袋鼠依然保持着有时关门的习惯，但再没有发生此类有着安全隐患的事。她6岁时和我说：“妈妈，我小时多淘气啊，还自己给自己剪头发。”当然，家长所有的决定都要基于对自己孩子的了解。）

哭哭蝴蝶

小袋鼠玩耍着我做的羊毛蝴蝶，说：“妈妈，你做的都是笑笑蝴蝶，你再帮我做一只哭哭蝴蝶吧！”

我看着小袋鼠手里摆弄着的橘黄色蝴蝶和粉红色蝴蝶，回应道：“好啊，你想要用什么颜色来做哭哭蝴蝶？”

“嗯，前面翅膀用蓝色，后面的翅膀用黑色，身体用紫色。”小袋鼠边想边说。

我惊讶于小袋鼠对颜色的敏感。

不同色彩会传递给人不同的情感，歌德的《色彩理论》中对于色彩的情感表达有着详尽的描述：“……蓝色可以说总是带着黑暗的本质……蓝色给我们寒冷的印象，因此，也给我们阴暗的感觉……”

幼年期，孩子的感官是全然开放的，所以比大人更能直接地感受色彩本身所带给他们的身体和精神上的影响。小袋鼠的表述恰巧印证了此观点。

正因色彩对孩童有着很大的影响，人智学创立者史代纳提出对年幼孩子的环境色彩、衣着色彩并不能以大人的喜好来做判准，要考虑到孩子的特质，用色彩来平衡他的身体和情绪。

小袋鼠幼稚园[1]教室都以轻柔的粉色纱帘所包围，我每次进入教室就会有被温暖包裹的感受，这样的色彩能给孩子带来安全感……

“妈妈，当我哭的时候，我摸摸哭哭蝴蝶就不哭了，然后再去摸摸笑笑蝴蝶，就好了。”小袋鼠接着的话语把我的思绪拉了回来。

“噢，这样啊！”小袋鼠的话让我再次感到惊讶，她在尝试找寻抚平自己情绪的方式。

对于安抚孩子的情绪，说教往往效果最不好，而恰恰又是我们大人最常使用的方式，不需要动脑，依自己的经验信口而来。

其实，情绪不是需要围堵，而是需要一个出口，无论是对于大人还是孩子，都是如此。

想起绘本《生气汤》[2]，妈妈带孩子一起煮了一锅生气汤，让孩子可以边煮边对锅大吼大叫，巧妙地解决了孩子情绪的问题。还有绘本《傻比傻利》[3]，孩子害怕黑夜睡觉，外婆就帮他做了烦恼娃娃，让孩子把烦恼告诉娃娃，娃娃就会替孩子烦恼，孩子就可以安心睡觉。很多绘本对于孩子情绪的转换，都提供了具有创意的方式。

大人在养育孩子的过程中，是需要很多想象力的。

1 小袋鼠的幼稚园是一所华德福幼儿园，在后文中有专门介绍。

2 《生气汤》，贝西·艾芙瑞文、图，柯倩华译，明天出版社出版。

3 《傻比傻利》，安东尼·布朗文、图，桑霓译，台湾格林文化出版社出版。

空多少位置

3岁前的幼儿是和世界一体的，他还无法区分“我与你”，小袋鼠从4岁后开始感受到了“你与我”的距离。

小袋鼠从小跟着我东游西逛，经常会受到认识不认识的叔叔阿姨的欢迎和称赞，总是会获得超分量的餐点或额外的糖果玩具，宛如家里的外交大臣，走到哪儿都会受到礼遇。我们常光顾的商店餐厅更是把她当贵宾，餐厅老板每次都热情地与她说笑。

这种状况随着小袋鼠4岁的到来，开始发生大转变。我一说要带她去熟识的店家，她就开始推三阻四找出各种理由不去。

我想出各种方法说服：“妈妈买一个东西一下子就出来。”“我们去喝你最爱喝的果汁。”“他们家的炒饭你最爱吃。”……小袋鼠居然都能抵挡诱惑，说不去就是不去，要不就哭给我看。

一次，餐厅老板称赞她漂亮，小家伙居然也不高兴，后来嘟着小嘴说：“他又不是我的家人，他说好说坏，我都不喜欢。”

小袋鼠强烈地感受到“我与你”的界限，大人方式的热情让她觉得超越了她心里的“你与我”的距离，让她感到浑身不自在。

人与人在排拒和依靠之间，到底要保持多少距离才恰当，内心才会感觉自然？

每次我踏上公车的台阶，放眼一望，车内人不多时，就会发现大家总会在空一个人的位置而坐，或许陌生人与陌生人之间这样的距离才安全、不尴尬。

我开始不强求小袋鼠有礼貌地问候每个人，对于她不想进的商店也允许她可以绕道走……

“我与你”“你与我”之间的距离到底要空多少位置？恐怕小袋鼠需要花一些时间来感受和调适。我想当她随着年龄的增长而不断地增长更多的勇气时，她就可以有着更恰当的拿捏。

留一盏灯

小袋鼠独睡的第三天早上，她从自己的房间走出来，我看她穿着长袍睡眼蒙胧的样子，说："宝贝，去上卫生间吧！"

小袋鼠摇摇头，说："没有尿，我半夜上过了。"

我心里一阵惊喜，小家伙以前也有过自己半夜去上卫生间的经历，但那时是和我同床共枕。这是她独睡后第一次没有叫妈妈，自己半夜独立做完又去睡了。她又长大了。

在小袋鼠3岁多时，我就通过讲故事等各种方式预告她4岁后要在自己的房间单独睡。由于长时间的点滴灌输，独睡变成小袋鼠长大的一种标志，也成为她的一种期待。

在小袋鼠接近4岁生日时，我们全家一起把她的房间重新调整位置整理妥当，把一张单人床搬到她的房间当她的小床，还在小床上挂上淡粉色的帷幔，让小床有着温暖的保护。

这个小小的温馨空间仿佛殷切地盼望着小主人的莅临。生日刚过，小床的围栏也到货了。那天晚上，小袋鼠就很自然开心地独立睡在自己的小床上，非常平稳地踏出她人生的又一小步。

我在她房门外的过道整夜都开着一盏小灯，让她不会感到被黑夜吞噬，给她面对黑夜的勇气。

也许父母本身就是留给孩子心里的那盏灯，默默地照亮他人生的旅程。至于他能看见哪条路，恐怕还要溯源于他生命里父母在自身言行举止之中点亮了什么。

父母这盏灯是需要先看清楚自己，再去照亮孩子。

感觉长大

每个孩子都盼望着快点儿长大，想象长大会是什么样？长大可以做什么事？……

对长大总是充满了很多美好而又神秘的憧憬。

长大到底是什么？

在给小袋鼠过生日的早上，我正在给她找适合配旗袍的裤袜，小袋鼠醒了立刻蹦下床，脸上挂着兴奋的笑容："妈妈，抱抱。"

我立刻把这个小天使拥入怀里。在她脸蛋上亲了一下："生日快乐，宝贝。"

"妈妈，我真的4岁了吗？"小袋鼠腼腆地笑了。

"是啊，宝贝又长了1岁，4岁了。"

小袋鼠伸了个懒腰："我怎么没感觉到呢？"

长大是什么感觉？

"妈妈，给我量量身高吧！"小袋鼠跑到身高贴纸那里，很认真地站好。她想到一个证明自己长大的方式。

“宝贝都105厘米了。”我用手按住小袋鼠的头去看刻度。

“妈妈，那我昨天，3岁半时是不是才到这里。”

小袋鼠指着100厘米左右的地方，她想从高度的跃过来证明长大。

4岁将会怎样呢？

我原本想趁着又长一岁来个机会教育，提些期望给小袋鼠，但看着她那单纯盼望的心，却什么要求都不想提了。

成长，还是让孩子自己慢慢去感受。

下午放学后在公园玩儿，小袋鼠做了一些挑战自己的动作，时而寻找特别的方式上下器材，时而在比原先更多一层的台阶上往下跳……

孩子总能找到自己的方式去证明自己长大。那我就好好地欣赏，静静地等待吧！

从生日那天开始，“我4岁了”就变成小袋鼠最独特的问候语。也许只有孩子才无比欢喜自己年龄的增长。

每次在公园玩耍，小袋鼠看到她感兴趣的小朋友，总是以炫耀的口气搭讪：“我4岁了，你几岁呀？”

这招很好用，经常可以交到朋友。

似乎孩子间名字不重要，不会带来任何讯息，年龄才有特别的含意，是一种成长的标志。

4岁了，最让小袋鼠兴奋的是，可以比较随心所欲地掌控自己的身体，可以更像猴子一样爬上爬下，做以前不可能达到的动作，所以她这一年的圣诞愿望也都是和身体运动有关的。

想一想，其实孩子从出生起一点点慢慢成长的过程，从像植物一样不能移动，到像动物一样爬行，再到开始直立行走，用行动支配身体，语言的迸发，用思维支配身体……一直到六七岁换牙，才建构完他们的身体。一个人类完整进化的过程仿佛完全在幼儿期完成。

对于孩子，每一个进阶过程都是一次欢欣鼓舞的成长感受，如同哥伦布发现新大陆般充满了新奇、诱惑和渴望。

对于0～7岁年幼的孩子，身体的成长是给予他们最好的学习动机和最大的满足。

“我4岁了”不仅是一个年龄的象征，或许更是对自我的肯定和对未来成长的信心。

小袋鼠时刻欣赏自己又长大了1岁。

哭吧，我亲爱的孩子

小袋鼠在茶几上画画，忽然生气地把笔一摔，坐在沙发上小脚一蹬开始哭，边哭边看我的反应。我回应她，等一下不哭了再告诉妈妈发生了什么事。她哭得更大声了。我停下手中的工作，看着她。

哭泣曾是婴儿特有的权利，仿佛是随着孩子出生额外赠送给他们的礼物。婴儿借由哭表达饿了、尿了、需要大人关注了……哭，代表着多层的意思。等到孩子慢慢地长大，学会用言语表达后，哭的权利也慢慢开始被父母回收。

我不喜欢小孩子用哭来作为要挟父母满足自己的工具，曾经对幼年期的小袋鼠常说："你不哭了，妈妈就抱。"

我看着小袋鼠，又补了一句："等你不哭了，再告诉妈妈怎么了，你哭的时候我听不懂你讲话。"我仍旧坐着没动看着她。

小袋鼠的哭声渐渐小了，我张开手臂："来，妈妈抱一下。"

小袋鼠坐在我的腿上头靠在我的肩膀上，忽然又哭得很伤心。

我拍拍小袋鼠的背没有讲话，等了一下，她才慢慢变成抽泣。

“好一点儿了吗？”我问。

“嗯，好了。”小袋鼠边擦眼泪边抬起头。

“怎么了？为什么哭？”

小袋鼠去拿她的画本指着说：“我要在这里写字，结果我留的地方太小了，写不下了，写坏了。”

“哦，你在生自己的气？”

“嗯。”

“那就再找一个地方写啊，怎么哭得那么伤心。不要用生气的方式，想想办法呀！”

“只有在家里才可以哭啊，在学校不能哭。”小袋鼠把头又靠在我肩上。

我心里一惊，6岁的小袋鼠已经开始在意外界的眼光了，她是个自尊心强的孩子。“在学校不哭，是怕其他小朋友笑你吗？”

“嗯，我不喜欢别人笑我，所以只能在家哭啊！”

哭，真的是只属于小孩子的权利，随着成长，我们自觉不自觉地越来越会把哭压抑在心里，成人之后的哭泣只能在值得信任的人面前宣泄。我抚摸着小袋鼠的后背，刹那间，我对于她的哭有了更多的包容。我在心里对小袋鼠说：“我亲爱的孩子，妈妈会愿意让你永远保有哭的权利，这是你自我疗愈的一种方式。”

对于孩子的哭泣，大人是溺爱还是关爱，处理只有一线之隔，是否能读懂孩子哭泣背后的含义需要细心地观察。

当几个小朋友纷纷离去回家后，我和小袋鼠一起收拾如台风扫过般的屋子，把玩具放回原处。

小袋鼠突然提高嗓门生气地说：“妈妈，我汽车的一个轮子不见了。”她手里拿着的是她爸爸圣诞刚送给她的礼物，一辆可以更换轮胎的小跑车。

我说：“不要着急，我们把玩具都收完也许就可以找到了。”

当把玩具一一归位，屋子变整洁时，汽车的轮子仍没有出现。我们又在桌下床底都搜寻一遍，也没有发现车轮的踪影。小袋鼠坐在地上开始哭泣：“都赖××，都是他，乱拆我的车子，还乱扔玩具。这是我很喜欢的车子，少了一个轮子，怎么办？以后不许他来我家玩了。”

我知道小袋鼠非常喜欢这个圣诞礼物，所以蹲下来对她说：“来，妈妈抱抱，我知道你很心痛，但生气，说气话，轮子也不会跑出来，它现在一定躲在某个角落呢，也许哪天我们就发现它了。”

从小我就不会因为小袋鼠的玩具坏了，就立刻答应给她买个新的，因为这样她永远学不会珍惜。

小袋鼠仍在情绪中，哭着说：“如果找不到怎么办？我就这一辆跑车，它少个轮子我怎么玩儿？”

这时，老公走过来，说：“宝贝，别哭了。我们一起想想办法，好不好？这样吧，爸爸明天接你放学后，我们从幼稚园直接到百货公司那个卖小汽车的柜台，去问问看有没有卖这个车子的轮子，好吗？”

小袋鼠看到了一丝希望，停止哭泣，点点头。

老公继续说：“如果有卖轮子的，我们就解决问题了，但如果没有卖的，你也要接受。因为爸爸已经努力帮你了，可以吗？”

小袋鼠还是比较通情达理的，她同意地又点点头。

我走到老公身边跟他耳语：“这种玩具小车应该不可能有配件卖吧？”

老公轻声回我：“我希望她从我们身上看到我们对事情的尽力。”

我立刻懂得了老公的含义。我们夫妻在日常生活中，非常注重自己对事物的尽心尽力，只要我们努力过，结果如何我们都会坦然接受，这也是我们希望传递给小袋鼠的一种很重要的生活态度。

第二天，放学后，他们父女俩就直接去百货公司了。专柜小姐听了老公叙述原委，被老公的诚恳和小袋鼠眼巴巴的神情所打动，对他俩说：“原本这种车子是没有在卖配件的，但我想想办法问问总公司好了。你们留下电话，如果有，我会打电话通知你们。”

隔天，专柜小姐打来电话说帮我们从总公司那里要了轮胎。不收钱送给我们，让我们周末去取。因为专柜小姐的尽心尽力，小袋鼠心爱的汽车终于又可以奔驰了。

当我带小袋鼠去拿轮胎时，专柜小姐对小袋鼠说：“你真幸福，有个好爸爸对你那么用心。”我们非常感激地道谢后拿着小轮胎离开了。走在路上，我对小袋鼠说：“宝贝，你真幸运，你遇到一位愿意尽心尽力的好阿姨。如果她只是说没有卖配件，不帮你去找的话，你这个轮胎就不会再有了。因为她的用心，你才能重新获得。”

你就是你

孩子4岁时对外界的感知会更强，不再只陶醉在自我世界里。小袋鼠也是。在这个时期她开始会与其他小朋友比较了。

有时，接她放学，她因留恋幼稚园想多玩一会儿，于是抗议："为什么××的妈妈来了，他还不回家，他还在学校里玩？"

和小朋友一起吃饭时会质问："为什么××吃饭时可以吃薯条？"

看到中午午餐过后还有小朋友在公园玩，她也会问："为什么他中午不回家睡午觉？"

……

我欣喜地听着小袋鼠这么多比较式的发问，我知道她长大了，慢慢开始从梦幻的世界醒来，看到这世界上人与人的不同，而这种比较也是成长中需要学习的过程。

我耐心地解释为什么放学了要早点儿回家，为什么吃饭时不能吃薯条，为什么中午一定要睡午觉……并尽量将这些问题解释得不会过于冗长和复杂，因为这个年纪的孩子还无法用准确的抽象思考来理解，最好的解释是有着图像的画面。

有时，甚至不需要太多言语，只需要大人一贯的引领。比如，我会温柔地说："亲爱的宝贝，因为你叫小袋鼠呀，你就是你，你不是他。而我是你妈妈，我们就是要这样做，你的妈妈不是那个阿姨。"

同时，我希望小袋鼠慢慢可以明白，人和人是最没有可比性的。因为每个人都是独立的个体，有着独特的个性和生命经历。每个父母也会因此有着不同的教养理念并产生不同的亲子互动。

父母对于子女教养的信念，不仅仅是父母的功课，同时也是子女要面对的功课。因为父母的信念会给予孩子完全不同的感受和经验，这都在塑造着个体的不同。

我们每个人永远都是——"你就是你"。

爸爸的能量

禽流感侵袭，小袋鼠没能躲过，一发烧很快就飙到40℃。我虽然内心非常焦急，但尽量稳定自己的情绪，我不想让孩子觉得生病是一种灾难。

老公从外地赶回来，他来到小袋鼠床边看着她，笑着说："宝贝，爸爸特地回家来看看你，没事的，你很快就会好了，爸爸会保护你。"他把小袋鼠送他的一条种子做的项链拿出来，"宝贝，爸爸等一下还得去出差，你送给爸爸的这条项链就代表爸爸，它会像爸爸在家一样保护你，爸爸给它施加很强很强的能量。"

老公把种子项链放在手心两掌合起来，闭上眼睛很用心地在心中默默祈祷，小袋鼠睁着大眼睛看着爸爸。"宝贝，好了，爸爸的所有能量都加在这条种子项链上了，爸爸把它挂在你床头的灯上，它会保护你的。"小袋鼠微微地点点头。

老公要赶着出门，临走搂抱着我，悄悄在我耳边说："你要坚强，千万别慌张，你稳定，家才会稳定。"我理解他的话，生活中无论遇到什么样的大小困难，作为父母都要保持那颗平静的心，把生活一如既往地安排好，只有稳定的家庭氛围才会给孩子安全感，才会把波折给孩子所造成的不安降到最低。

隔天一早我醒来时发现，原本在小袋鼠床头挂着的项链，不知什么时候被小袋鼠拿下来，她把项链挂在了自己的头上香香地睡着了。那一刹那，我明白了老公回来的意义。很多时候，我们大人给了孩子太多言语道理上的教导，但其实孩子更需要精神能量的给予，这股能量就像黑暗深处的一道光芒。

为了下一个人

一天，我带小袋鼠到咖啡店吃早餐。离开时，小袋鼠去上洗手间，我等了她很久，她才从咖啡店的洗手间出来，我关心地问她：“怎么去了这么久？是有不舒服吗？”

小袋鼠摇摇头，说：“没有，我不小心尿了几滴在马桶座上，我把它擦干净才出来的。这样下一个人好使用。”

我心里惊喜小袋鼠为他人着想的举动。我说：“你好棒，这样做很好，擦完了要把手洗干净。”

小袋鼠点头说：“有，我把手洗得很仔细。”

我高兴地牵着小袋鼠的手离开咖啡店。我相信她一定洗得很仔细，她不是那种不懂得干净的孩子，而且她已经知道面对“脏”是不用紧张、不用担心的，只要仔细处理就好。

回家后，我把这件事告诉小袋鼠爸爸，小袋鼠在旁轻描淡写地回道：“这没什么啊，我每次都这样做。这样下一个人才可以使用。”

我真高兴小袋鼠心里装着“下一个人”，我也知道她会这样做的由来。

台湾很多餐厅、咖啡店，包括国际知名品牌的咖啡连锁店和快餐连锁店等，并不是都有专门的清洁人员，有些店铺只有店员定时进行清洁，所以需要用餐的人有着很多自助的行为。例如，自己把餐盘放到回收台，把垃圾按分类倒入垃圾桶。每一次用完餐点，小袋鼠都会抢着和我一起把盘子放回去，并很仔细地把垃圾分类，把饮料杯用水冲干净再放入回收桶。而我也会顺手拿纸巾把桌子稍微擦一下。这样下一个人就可以很快入座了。

平日，我们会看到衣着靓丽的白领女生在洗手台把自己饮用完的易拉罐仔细冲干净再投入回收桶；会见到男生推开商店大门时等后面的人进来后才松手关门；会遇到上完厕所的人告诉下一个使用者地上有水小心滑倒……

当日常生活周遭的大人都以细腻的举动为他人着想时，孩子会自然而然地模仿，并逐渐内化为最基本的行为举止。

一个真正温暖体贴的人，一定在生活中自然而然就会作出为他人着想的举动，这种人格特质必定是从小累积而来的。

· Chapter 3 ·

让家温暖孩子的心

睡吧睡吧 我的宝贝

你酣睡时嘴角挂着笑

如一抹

轻柔的弯弯月儿

你娇嫩的身体

如白色的玉兰花

让四周的空气

如此甜蜜

睡吧睡吧我的宝贝

创造家庭文化

一个家庭的凝聚力是什么呢？

我想应该是由爱而形成的家庭文化。

家庭文化，这个词看起来是如此的空泛和深奥。

什么是家庭文化？如何创立家庭文化？家庭文化的意义何在？

其实，我们不需要被“家庭文化”这个词所震慑，家庭文化在每个人的生活中都是有迹可寻的。

家庭文化一定离不开民族文化，我们民族的风俗习惯在家庭里的落实就是家庭文化。春节的红包、鞭炮，元宵节的汤圆、花灯，清明节的扫墓祭拜，端午节的粽子、龙舟，中秋节的月饼、团圆……把这些传统节日的丰富内容在家庭生活中展现出来就是很好的家庭文化。

我儿时过春节的欢愉画面现在仍然记忆犹新，和父亲去挑选自己喜欢的花炮，大年三十晚上穿上漂亮的新衣和家人一起吃年夜饭，一起等待新年的倒计时，给父母磕头拿比平时零花钱丰厚的红包……

直到现在，我们家还延续着很多过年的习惯：12点敲钟时母亲会煮好热腾腾的水饺，而且有几个饺子里会包花生来替代铜板，看看谁的运气好可以吃到；把一双不要的旧鞋在12点之前丢掉，取“驱邪”之谐音；接下来初一吃饺子，初二吃面，初三吃盒子（锅贴），破五又要吃饺子……

多数人都觉得现在过节的气氛没有以前浓，节日好像没有什么意思，那是因为现在的生活，物质过于丰富，像丰盛的菜肴、漂亮的新衣、丰厚的零花钱……平时随时都可以获得，不需要等到过年的那一天。少了一份特定的期待，也就少了过节的甜蜜感受。

我们可以随着时代的改变，重新创造出一份新的特定的期待。

或许可以在红包里多加一封信，东方人很不容易对家人表达情感，那么就在过年时给孩子写写对他们的爱和鼓励，给长辈写写感恩和回忆。

也可以在家庭的布置上多一些创意。我会在窗台的一个小区域布置一个节日的场景，过年的雪景、端午的粽子、龙舟等都是可以表现的题材。

还可以策划一个家庭活动，比如元宵节和孩子一起做灯笼办一个猜谜趣味大赛，随着孩子的长大而把难度提高；又比如在端午节，我会给小袋鼠做个小香包，将固定的古早[1]味的香粉包在其中，香包样式可以年年更新，但这特有的芬芳会在特定的日子飘散……

对于外来的节日呢，虽然大部分东方人很难深刻理解其中的含义，但由于商业利益的推动，这些节日也开始流行于社会，我们既然无法回避，就把它转化成符合家庭需要的庆祝。

我把圣诞节定位成“温暖的传递”，每个家庭成员都要给其他人准备

1　古早：是闽南语、台湾使用的词语。通常形容古时候，或者年代久远。

一份爱的神秘礼物，孩子也要准备。大家围坐在圣诞树下猜着礼物，温馨而兴奋。

为节日准备的特定活动都要等到过节时才做，即使平时孩子想要做，也要让他等待那一天。因为有了期待，节日才会更有意义。这样年复一年固定下来成为家庭传统的节日活动，也就营造出家庭文化的氛围。

家庭文化除了在节日中展现，还可以在日常生活中来创造。我一直感怀童年时父亲每日早上陪我跑步并比赛背一首唐诗，母亲在每个夏天都会给我亲手缝一条新的裙子……这些点滴记忆累积成为我如今的生活态度。

现在，我会把每个下雨的周末假期定为烘焙日，和小袋鼠一起烤饼干做面包；平日尽量不买玩具，亲手缝织各种玩偶或小物，让小袋鼠的身边物品充满了情感；每天晚上陪小袋鼠进行固定的“睡觉仪式”——故事时间；假日的早上给自己放个假，带小袋鼠到街转角的咖啡屋，来个母女俩的小小约会，享用一份丰盛早餐；小袋鼠过生日时，我会亲手做一个生日蛋糕带到学校让她和同学们一起分享；每半年和小袋鼠回一次北京，和姥姥姥爷欢聚……把这些在日常可以执行的活动有意识地固定下来，就可以转化成为家庭文化。

当然，建立家庭文化要以不造成大人的负担和孩子的压力为前提，以发挥自己和家人的特长来规划。擅长运动的爸爸可以和孩子每天一起晨跑或每个周末进行一次球赛；擅长手工的妈妈可以在节日或生日时给家人准备一件亲手做的服饰；擅长烹饪的妈妈可以一个月准备一次烛光晚餐，也可以给不做饭的爸爸固定一个下厨日；喜欢交友的爸妈可以和朋友约好固定的日子带孩子去郊游或聚会；有音乐氛围的家庭，如果空间允许，也可以组织朋友或邻居的孩子们一起办个家庭小型音乐聚会；喜欢享受生活的爸妈，也可以在旅行中多做一些细致的、有品位的设计；喜欢为大众奉献爱心的家庭，可以带孩子每月做一次义工，如扫公园、扫楼道，或去养老院和孤儿院服务等；最简单的，也可以一个星期或一个月来一次家庭清洁日，让所有家庭成员分工合作……

其实，把看似简单的事情用心地去经营并周而复始地坚持下来，就会形成具有自己特色的家庭文化。

尽管现在每个人都生活忙碌，每天都要面对很多琐碎的事，但如果多用一点点的心思，营造出自己的家庭文化，那么孩子在浓浓的家庭文化氛围中成长，一定会更具有独特的人文气质，会更好地建立健全的人格，积极地面对生活。

让家庭文化中那小小的一抹清香、一首歌谣、一条围巾慢慢深耕在孩子的生命里，将来必定会成为他前行的原动力。

当有一天，我们渐渐变老、离去，我们会确定地知道，给孩子留下了一份礼物——家庭文化，而这份礼物可以成为孩子的精神依托、情感港湾、不会耗尽的财富和可以永续相传的幸福。

做家事的哲学

谈到家事，多半的人都会认为是烦琐、枯燥、无趣的，是生活中最不值得一提的，而且和教育毫无关联。家事过于平凡，平凡得让我们觉得它对人生的成功与否没有丝毫的影响力。如果人生中可以减少某种事物，那么家事肯定会成为很多人的首选。

我也曾经对家事非常不屑，觉得任何事都比家事重要。家事可以请保姆来做，甚至觉得做家事是在浪费时间、浪费生命，应该用那些时间做些更有意义的事。

直到有了小袋鼠，我才开始学习和面对家事。从每天都要经历的刷锅、洗碗、打扫房间的琐碎中，我慢慢品味出了家事的意义。日子就是在自己双手的打理中慢慢地平稳而踏实地流动。每次我们从北京看望父母回到台北后，当我打开煤气点火做饭的那一刹那，我的心才平稳下来，生活在那一刻又开始进入稳定的节奏中。

我喜欢在洗碗中放飞自己的心情、享受内心的宁静；喜欢经由自己的擦洗让一个小小的物件又焕发出生命力；喜欢尝试新的料理，带给父女两人惊喜……

家事让我逐渐从另一个角度发现自己，挑战自己，不断地收获沁入内心的喜悦。我真正了解到，其实幸福就是藏在这些琐碎的细节里的。

当我对家事有了全新的认知，我对小袋鼠的教育也有了不同的想法。以前，我认为给她最好的陪伴，就是和她一起游戏、一起看书、一起出游……我慢慢懂得，真正的教养不是在书本中，不是在少数不平凡的事件中，而是在平凡的日子中我如何带领她生活，在平凡琐碎的生活中我如何和她一起累积出“自我之形”。

于是，我更努力地在家事管理上营造出“妈妈的氛围”，也不再内疚于因为忙碌家事而没有尽心陪她玩耍，我深信自己那因家中大事小事而忙碌的身影，一定会给予小袋鼠无比的安全感。因为母亲的稳定感会给家庭带来祥和的气氛和心灵的滋养。

其实，生活中很多我们习以为常的事对于孩子都是全新的冒险，所以家事对于孩子，有时比玩具更有趣、更有吸引力。

小袋鼠向来乐意跟随我参与生活的很多细节，因此她从小可以很独立地做好她这个的年纪能够做到的自我照顾，例如吃饭、穿衣、穿鞋、洗澡、洗头发、剪指甲……这些生活中的自我照顾是家事中很重要的一环。

我和小袋鼠一起打扫布置家，她对于家的管理和设计也开始有了自己的想法，而对于物品的认知更多了浓浓的情感。

一次，我们擦完客厅的顶灯，小袋鼠看着变得洁白晶莹的花瓣说：“妈妈，它原来像个老人，现在变年轻了，像小女生一样漂亮了。”

在打扫布置家时，那份对旧物经由双手而焕然一新的欣喜进入了她的内心，这比任何关于珍惜物品的道德劝说更具有影响力。

我鼓励小袋鼠一起参与厨房的料理，而不是让她把烹饪或烘焙仅仅当作游戏，并随着她年龄增长给予她不同的任务，让她在其中体会操作、收拾、等待都是同样重要。而她总是兴致盎然。现在，当她中午放学后看我在厨房忙碌时，经常会问一句："妈妈，需要我帮忙吗？"小朋友来家里，她也会跑到厨房切出一盘水果来招待她的小客人。

在做家事中，小袋鼠不断地学习着自我照顾，也学习着帮家人忙，她慢慢地体会到家庭的快乐就是在生活细节的互助中创造的。

其实，对于我们每个人来说，从重大事件中发现意义不难，但如何在平淡中品出细腻的滋味并不容易。如果孩子借由家事从小养成了亲近生活的态度和能力，那么他长大后也许就会比较容易知足而感恩地脚踏实地地生活，比较容易体会出平凡的幸福。

而对于我，如何把家事变成一种艺术，这是我在生活中所不断追求的。

适合孩子的『家环境』

为了迎接宝宝的出生，每个家庭都会因此而忙碌，在居家环境上也开始进行调整。环境对于孩子健康成长非常重要，而与孩子日夜相处的家是对其影响最深的环境。

幼年期，孩子的感官是完全开放的，孩子在玩耍中将整个人交给环境。孩子吸收周围环境中的一切，形成自己的感官印象。可以说环境形塑着孩子的内在器官，影响着孩子的身体发育和生命能量。

但是，孩子对环境的优劣无法判断，无法选择，无法过滤，全盘吸收，所以环境就如同孩子的老师。因此，对于环境的创造，大人必须先为孩子做出适宜的选择，对他们做出应有的保护。

家，要整洁简单，对于孩子是安全健康的。首先，家的装潢布置要选择无毒环保的材质，全家人的生活才安心健康。其次，居家布置还要简单整洁，父母要把物品收纳妥当，不要到处都有这一点儿那一点儿的杂物。对于孩子是危险的物品一定要全部收拾到孩子无法轻易拿到的地方。这样的空间孩子可以安全自在地探索。如果家里到处有着孩子不可以碰触的东西，不断对孩子说着“不可以……”，这是对孩子好奇心的抹杀，也是对孩子自主探索精神的打击和否定，不利于孩子成长。一个安全的环境可以激发孩子创造力的发展。再次，家的整洁可以让孩子感受到父母对于家井井有条的管理，从而引领孩子建立好的生活习惯。同时，也不要让孩子淹没在过多的玩具中。所有的东西，尤其是孩子的玩具，每日都应放在它应有的位置，这对于孩子安全感的建立是非常有益的。

家，还要有美感和舒适。柏拉图曾说：“最有效的教育方式，应该是让孩子在美的环境中嬉戏。”然而什么是美的、舒适的环境呢？可能每个人对此都有不同的认知。对于孩子来讲，家的美感和舒适并不意味着房子空间要很大、很豪华，物品都很名贵。对于孩子美好和舒服的感受可能是家里柔和的色彩、温和的光线、宁静的气氛、自然单纯的布置，还有客厅里一个专属于他的、可以自由玩耍又随时可以看到妈妈的角落。我想家的舒服是家庭每个人都可以找到自在放松的空间。

家，还要温暖。温暖对于幼年孩子的身体健康很重要。一个温暖的保护可以让孩子不过多地耗费身体能量在抵御寒冷上面。如果条件允许，把家里的地面都铺成木质地板。木质地板温暖又有弹性，孩子摔倒比较不易受伤。或者在冰冷的地砖上铺上纯毛或天然纤维的地毯，孩子光脚玩耍也不必担心。家除了给予身体上的温暖，也要给予心灵上的温暖。父母对于孩子也是环境的一部分，夫妻之间彼此关心的话语、相互扶持的行动都会带给孩子对于家的温暖的感受。

家，还要有着浓浓的自我家庭特色。家里照片、画作、装饰品的选择，能够凸显大人的审美；家里每日从厨房飘出的饭菜香味，是孩子最美好的记忆；家里精心照顾的花草，随自然而变化的自然之角，让孩子在室内也能感受大自然的美好。作为父母，在假日带领孩子亲手做的一个手工蛋糕、一个简单窗帘、一个小小的玩具架……这些无不创造着家的自我味道。

家的环境经验会进入孩子的心灵，会建立孩子对于这个世界最初、最深的认知。孩子需要在适合的家的环境中得到滋养，健康地成长。

父亲的角色

有个朋友在事业中获得了非常大的成就，但因为非常忙碌，经常两岸三地地飞来飞去，与孩子相处的时间不多。一次，他的孩子在小学作业中写道："爸爸回家只做两件事，一个是上厕所，一个是睡觉。"

这或许是一个极端的特例。但对于多数家庭，养育孩子的任务多半是由母亲来承担，而父亲的主要精力和用心在于成就事业和提供家庭物质保证上面。这是一个常规的社会分工模式，但我仍然觉得在养育孩子中，父亲要承担至少一两件"专职工作"。这个"专职"不是指偶尔帮一下忙，而是要随着孩子的成长持之以恒地进行着的。

当然，我身边也有一些爸爸非常愿意和太太一起分担养育小孩的琐碎工作。每次朋友们相约出去玩儿，都会看到这些爸爸用婴儿背巾把孩子背在自己怀中。这些奶爸的画面总是让我感动不已。

很幸运，我的老公对此有很清楚的意识。在小袋鼠出生后，老公就担起给小袋鼠洗澡这一任务。他根据小袋鼠成长的每个不同阶段，创造着属于他们父女俩洗澡时间的流程和规律。

在小袋鼠婴儿期时，老公甚至还编了一段洗澡的旋律，每当他把小袋鼠抱进浴室就开始为她哼唱。他说，相同的洗澡歌是一种预告，给孩子带来稳定的安全感。有时，老公工作很忙，但到了小袋鼠要睡觉的时间，他一定会暂时放下工作赶回来陪她洗澡，等小袋鼠睡着后再回去继续工作。

我心疼他如此折腾，劝他不要专程赶回来只是为了给孩子洗澡，这样很辛苦。但老公总是说，这不仅是陪孩子，对于他也是非常重要、值得珍惜的时间，给孩子洗澡能洗几年？而且和孩子在一起，他总是获得很大快乐，对工作心情也是一个很好的转换，这绝对不是一件辛苦的事。

当小袋鼠长到了幼稚园大班的年纪时，在老公的教导下她已经会自己洗澡。老公帮孩子洗澡的工作就只剩帮她洗头发和吹头发了。于是，老公从我这儿接手了陪小袋鼠睡觉的工作。老公并没有像我一样给小袋鼠一大套入睡前的仪式，他只是陪在小袋鼠的床边轻轻地握着她的手，静静地看着，没有言语，耐心地等着孩子入眠。后来，每当老公出差，再换我陪小袋鼠睡觉时，小袋鼠总是会忍不住说一句她想爸爸了或者她有点儿害怕。我想老公在陪小袋鼠睡觉时，不需要语言就已经把他的爱和稳定的能量传递给了孩子。

因为老公对于洗澡时间和睡觉时间的专职每天持续上演着，所以也让我在晚上身体感到非常疲劳的时候有了比较轻松的时刻。老公除了这两个专职，在星期一的“在家大餐日”，老公不时也会“表演”一道菜，形成几道专属父亲的拿手菜肴。在这样的氛围下，小袋鼠也总是乐呵呵地跟着参与。

因而在家庭生活中，小袋鼠经常会看到一家人的分工和担当，让她感觉到家庭生活就是一家人的共同参与和互助，家人之间是紧密相连的。

同时，老公也利用这些专属的陪孩子的时间，细心地观察孩子的一点点转变或成长，经常跟我分享他对于孩子的观察和教育想法，让我们夫妻在教育孩子的问题上有着非常频繁的对话和交流，可以协调家庭每个人共同成长的步伐。

父亲如果在日常的教养生活中可以长期担当某个职务，不仅可以使父亲对孩子的了解更深入，增强亲子关系，而且会拉近夫妻的情感，从而达到家庭生活的平衡与和谐，创造出自己家庭的韵律。

在平衡的韵律中，家庭成员因这些互动而互相影响着，彼此创造着彼此，也使孩子对于家庭概念有了最基础的认知，不断加强了“一家人”的感受。

家庭『大餐日』

自从学习厨艺后，我就将每周一的晚餐定为家庭的“大餐日”，西点、中餐交替上演。因为做菜还不是很娴熟，通常在周日就开始规划菜单并进行采买。

有时，周日晚上我就要提前先熬高汤，自己一点点小心地剔鸡骨头。为了一顿饭而如此自找麻烦，这是我以前绝对不会做的事。但是，闻着经过两三个小时的锤炼香气满屋的高汤，想着挑嘴的父女二人因为美味的“大餐日”吃得开心的笑容，即便做着烦琐的程序，心里也是兴奋轻松的。为爱怎么会怕麻烦?!

周一一清早，我开始为晚上的大餐而忙碌。首先，我会把工作程序动手列若干份清单按次序贴在冰箱上。这样每一步都很清楚，不会遗漏。然后，按次序把食材洗净切好，归纳放入不同的小碗中。这道程序在餐厅厨房里是必不可少的，英文厨房用语叫“put-in-place”。

以前做饭觉得这样准备很麻烦，通常省略，把葱、姜、蒜这类调味料切切就随便堆在案板上，但现在我已经懂得，事情最重要的不是结果，而是过程中每一步对自我严谨认真的要求，所以就从生活的琐碎中培养自我的耐心和细心。

为了全家的大餐日，虽然每次都很认真地准备，但开饭时刻我仍然会对自己的手艺没有把握。看到小袋鼠笑着嚷着“好吃，好吃”，老公露出满足的表情，我心里的一块石头才落地。饭后，小袋鼠也会非常主动地帮我一起收拾。

一日，餐后老公赶着出门开会，临走时给我一个紧紧的拥抱，搂着我说：“老婆，谢谢你，辛苦了。”

“我好高兴，你们都喜欢吃，一点儿也不辛苦。真的很好吃吗？”我怕他的称赞只是安慰。

“真的。你知道吗，就在你进厨房的那一刻就已经注定是这样好的结果。你的真诚全部都放进去了，而且，很重要的是，你自己也享受这个过程，所以结果一定是最好的。”

虽然，每次忙碌一整天只为了一顿晚餐，而且还要接着面对一大堆的清洁工作，但我的心是暖暖的。所有的付出也许只是为了片刻的幸福，那也是值得的。

每周一次的“大餐日”就如同家庭里非常重要又美好的仪式，让我们家人的心紧紧相聚。

大日子

小袋鼠6岁那年的新年，在台湾的家中邀请两家朋友晚餐聚会，这是我人生第一次正式下厨请客，可是以前想都不会想的事啊！第一次请客就要做六大四小总共十个人的餐，还真是有点儿压力。

由于老公出差在外，前期准备由我和小袋鼠完成。小袋鼠帮我规划日程和安排餐点，元旦前后两天完成房间的打扫和布置。

元月二日开始一整天的采买，西式新鲜的香料不好买，连跑了三家有机店和三家超市才买齐全。采买时，我也给了小袋鼠一个小购物袋，请她帮我分担重量。她犹如一个乖巧的小主妇，跟着我东挑西拣。

回到家已经傍晚，给小袋鼠煮了面，我就开始熬煮西式鸡骨高汤。西式的高汤配料细致琐碎，炖煮也要两三个小时。老公从外地打来电话，笑说：“明天可是个大日子。”我不以为然地回他：“哪有，只不过请客吃饭，说得如此夸张。”尽管嘴硬，但心里确实紧张，第一次在外人面前展露手艺，很怕演砸了，难吃得要死就糟了。

小袋鼠知道我忙着准备明天的食物，很懂事地自己打理自己——收拾碗筷、洗澡刷牙、换睡衣上床都没有让我多叮嘱一句，很快就入睡了。我一直忙到近12点才腰酸背痛地罢手。

元月三日一早，朋友贴心地把小袋鼠接到她家玩，让我专心准备。

挑了一张喜欢的唱片开到很大声，在厨房也能够沉浴在音乐下，我戴好头巾和围裙撸胳膊挽袖子，不断在头脑里规划做菜的顺序。

先从汤开始，然后调沙拉的恺撒酱、沙拉、青菜……这样就已经中午了，给自己随便煮了午餐略喘口气，下午接着做马铃薯泥、烤鸡肉、煎猪排、炒猪排酱料，炒意大利面酱料……眼看时间流逝就越做越紧张，越来越不确定自己准备的分量是否足够，也不确定是否时间来得及，更不确定是否做得好吃。

在我站得腰开始酸痛，手臂切菜开始发抖时，老公终于从台中赶回来了，这时已经4点多了，离相约的5点没剩多少时间。

老公看到我所做的一切，给了我一个很大的拥抱，称赞我真是了不起。因为他的回来、他的鼓励，让我紧张的心舒缓许多。他紧接着就开始帮我洗酒杯，安排餐桌位置，摆好餐盘，有了他的帮忙，一切进行得非常顺利。

在朋友带着小袋鼠回来的那一刻，煮面的水快开了，最后的面也要下锅了，时间刚刚好。

整个小屋开始不时飘荡着欢声笑语，我品尝着自己烹调的食物，虽然很清楚地知道因为分量拿捏经验不足，操作时间过长，还有心态的紧张等因素，并没有像给家人煮的那么好吃，但我还是很满意和朋友相聚的感受。

朋友说，在台湾现在很少有在家里下厨宴客的事情了，这种感觉真好。是啊，我几日的疲劳通通融化在朋友的说笑中，这样的感觉真好。

送走了朋友，虽然留下了庞大的清洁工作，但我仍是开心不已。继续和老公谈着一天的感受。我终于明白了老公所说的“大日子”的含义，我完成了之前生命中不可能完成的任务，它对于别人也许稀松平常，但对我确实是个大日子。而我做的食物只是一个形式，我借由它而一手创造出了快乐和幸福的氛围，我很真切地感受到我们这个小小的屋子散发出来了光芒，这才是最重要的。我好快乐。

老公说："老婆，你知道吗，你离快乐的距离很近。因为你的纯真让你想到了就去做，没有很多杂念的干扰，你离快乐很近。很多人想到付出就会觉得辛苦，但你真正懂得了付出是快乐的，今天当然是你的大日子。"

温暖的便条墙

我家有一个木框的玻璃屏风，这个屏风看起来有点儿凌乱，因为上面贴满了各种字条、卡片，还有小袋鼠的随手画。每个朋友来访都会好奇地问：“我可以看看吗？”我虽然有些不好意思，因为这些便条多半是我和老公为彼此互留的，但还是会大方地分享。很多朋友看完后会感叹：“好感动哟，你们夫妻感情真好。”还有些朋友甚至会在下一次来我家时要求：“让我看看，你们又有什么新的便条。”这道屏风已经成了我家另类的“风景线”，一面便条墙。

老公的工作时间跟常人颠倒，经常日出而息日落而作。他的行业习惯让他一直无法改变他的规律。而我自从有了小袋鼠后，必须要跟孩子保持相同的作息。我们夫妻就像是一个黑夜和一个白天，只交替没交换。我曾经很懊恼、困惑，这样的状况让两人相处和沟通的时间实在有限。在小袋鼠才几个月大时，我从老公给我留的一张字条中找到了一个有效的方式。于是我把我琐碎的叮咛写在便条纸上贴在电视上，他把温暖的表达放在餐桌上。我们一起把这个举动变成一个小小的习惯——佳节的小卡片、平凡日子的小感谢、生气后的小反思、某方不在家日子里的小惊喜……我们用文字表达，无论什么样的状况、无论什么样的条件，我们的爱都在。

在小袋鼠3岁左右时，我开始把我们夫妻之间的字条贴在那道屏风上。因为那是我在遇到困难时最好的支持，也同时希望小袋鼠学会这种爱的传递方式。于是，老公的便条开始加入给小袋鼠的话语，偶尔还会为她画张画告诉她爸爸很爱她。而我也会特别为她写一些内容，当我在夜里把她的玩具修好，我总会在玩具的下面也压一张小小的便条。虽然她看不懂，每次都找我念给她听，但她总是美美地收获着。这些字条在读过之后，同样贴在便条墙上。

后来，便条墙上还出现了非文字非图画的小便条，那是小袋鼠的热烈参与。她因年龄所限不会写字，而且画画也不很精准，但这并不妨碍她表达的热情。她会在涂鸦完成后很认真地解释一番，然后就自己爬上椅子，在屏风上找个明显的位置把字条粘上。我无比欣喜地收获着她纯纯的爱。

现在，我把朋友送的卡片也贴在上面，因为同样的那也是一份浓浓的爱。

我希望爱以不同的形式在家中温暖地流动着，丰盈着家里每一个小小角落。或许，那道屏风看起来真的非常杂乱，大小纸张不同，字体颜色不同，粘贴的方式非常随意，而且数目不断增加，但这道温暖的屏风是我家真正的“顶梁柱”。

幸福是自己给予自己的

一天早餐，我们一家人悠闲地享受着清晨美好的时光。

我拿出随身带的书，那是一本探讨教育的艺术的书，边看边念出一些片断和老公分享。

老公听完问我："老婆，幸福是什么？"

我沉浸在书中的思绪，被他突如其来的问句所打断，一时还没转换得很清晰："嗯，幸福是一瞬间很主观的感受，是身边很琐碎的。"

"其实幸福不是一瞬的，幸福是永恒的。"

从没和老公讨论到幸福的认知，我很有兴趣地追问："噢，怎么说？"

"幸福就是当我们要离开人世的那一瞬间，可以微笑着安然地走掉，这就是幸福，这是永恒的。幸福是一直都存在的，一直在身边，心快乐才可以幸福。老婆，我可以给予你快乐，但给予不了你幸福。幸福一定是自己给予自己的。"老公深深地看着我，慢慢地说。

他的话如旷谷中飘来的琴声，声声拨动着我的心。是的，幸福是自己给予的，不是要求的，也不是外观物质因素造成的，幸福来自于内心的丰盈和快乐。

“从认识你，就发现你像水一样，有着很特别的灵性，过去我一直都这样跟你讲。这种灵性可以随着内心的成长而不断提高。这几年，我都感受得到，非常好。但你的灵性不能止于陶醉在书的文字中，要发展出穿透书的灵性。”

他讲话虽然仍是不紧不慢，但却有着一石激起千层浪的重量。

“我们要给予孩子的，就是让她身心健康快乐地成长，她才会有追求幸福的能力。”他看看一旁专心用刀叉吃饭的小袋鼠继续说。

最近，正在为小袋鼠小学的择校问题烦恼。我是选择家附近体制内的学校，还是举家迁移到我中意的体制外学校，还是与几个家长和老师共同组织一个在家自学团体……老公看到我深层的犹豫不决。

“每个人的生命中都有非常多的问题和答案，让我们很难抉择，但要知道，答案一点儿都不重要，重要的是我们如何体验。很多事情都是命中注定，该来的一定会来。有些问题此时看似逃避掉了，其实问题一直都还在，或许在不同的时空以不同的面貌出现，重要的不是选择，最主要的是要如何体验，从体验中获得内心的成长。这份成长是属于自我的，谁都拿不走……”

窗外斑驳的阳光由淡转浓，我知道生命中还会有很多的问题在等着我们，但此刻老公的一席话，让我可以心中充满阳光地去面对问题，这也是我们要一起给予我们的孩子小袋鼠的。

宝贝，给你一点甜甜

我的宝贝宝贝

给你一点甜甜

让你今夜都好眠

我的小鬼小鬼

逗逗你的眉眼

让你喜欢这世界

哇啦啦啦啦啦，我的宝贝

倦的时候有个人陪

哎呀呀呀呀呀，我的宝贝

要你知道你最美

晚上熄灯后，我轻轻地哼唱，温柔地拍着小袋鼠，以舒缓的方式把她送入梦乡。小袋鼠紧紧地握着小兔喜米，那是我中秋给她织的小礼物。她的小脸贴着小兔的耳朵，同样的纯洁天真。她是否可以通过我这些一针一线用手用心编织出的甜甜来喜欢这个世界？

记得我小时，每个儿童节，母亲总会给我缝制一条新裙子，让我整个夏天心里都很美；冬天穿着母亲做的大花袄，让我小小地得意着全校不可能有人和我一样；看到街上新的毛衣样式回家羡慕地叙述后，让我惊喜的是母亲总可以用上一小段时间就帮我复制出一件……

我的宝贝宝贝

给你一点甜甜

让你今夜很好眠

我的小鬼小鬼

捏捏你的小脸

让你喜欢整个明天

哇啦啦啦啦啦，我的宝贝

孤单时有人把你想念

哎呀呀呀呀呀，我的宝贝

要你知道你最美

早晨在幼稚园小院的长椅上，我搂着小袋鼠一起唱完这整首歌，再给她羊毛球小手链上加入了很多吻。她追问一句："妈妈，加满了吗？"我笑着点点头，她才肯心满意足地放开我进入教室。放学时，小袋鼠扬起戴手链的小手说："妈妈，有的小朋友是带他妈妈的衣服到学校，只有我有妈妈给我做的手链。"说完美滋滋地把手链贴在自己的脸颊上，她正用心品味着我给的一点点甜甜，那一刻，回馈给我更多的甜甜。

在北京闲暇时，我拿起钩针，父亲看到忍不住用男性的观点说："做点儿什么不好，浪费时间。"我知道我浪费的时间已经编织进小袋鼠的记忆，就如同母亲所给我的美好一直收藏在我远走的行囊中。

或许生命就是应该浪费在这些甜甜的创造过程中。

我要用我的手在小袋鼠的心房填满更多的甜甜。

或许小袋鼠对于明天的期盼，就是靠这些甜甜的爱的体验来支撑。

（歌词选自歌手张悬的《宝贝》）

端午节

距离端午节还有一个多月的时候，我开始筹划用什么方式来给小袋鼠展现节日，而不是让小袋鼠的体会只停留在一个名词上。

对于节日最好的解释就是故事。小袋鼠幼稚园提前3个星期每天讲关于屈原的故事，小袋鼠回到家都会很欣喜地告诉我关于龙舟和粽子的由来等每天新学到的典故。

为了营造家里的气氛，我决定在客厅的窗台上布置出一个节日桌。于是，我提前一个月领着小袋鼠用不织布缝了很多颗小小可爱的粽子，用毛线织了几个小娃娃。在距离节日还有两周的时候开始布置，娃娃们围坐吃粽子，头顶有羊毛做的蝴蝶翩翩起舞，旁边用自己染的蓝色丝绸铺成河流，放上叶子当龙舟，更小的娃娃来划船。

小袋鼠非常高兴地欣赏着端午的画面，然后指出娃娃划船没有桨，于是折了小小的竹枝小心地摆在每个娃娃旁边，又去拿来我做的不织布小鱼放在蓝色的丝绸上说：“河里应该有鱼啊！”

在随后的假日，我带小袋鼠出去玩时偶然遇到福木落花，和小袋鼠捡了很多回家，撒在吃粽子的娃娃周围，这种花有着很淡的清香。

古代端午节是一个清洁的节日。因为端午过后气温开始稳定，天气不会忽冷忽热，正式步入炎炎夏日，台湾有句老话，大意是没过端午，再破的棉衣也不能收，夏日即将到来，蚊虫开始肆虐容易传染疾病，所以端午的这天家家要打扫庭院，门楣要挂菖蒲、艾草、榕树叶驱虫避邪，佩戴香包也是驱虫避邪。小孩子早上一起床就要在手腕上缠五彩线保佑一年健康不生病。食物除了粽子还要吃桃、茄子、菜豆（豇豆），喝雄黄酒，这些风俗都是祝愿健康长寿。

离过节还有一个多星期，我开始给小袋鼠做香包，香包的材质选的是小碎花布，而没有用传统的缎子，形似粽子，并穿上绑有中国结的绳子和小穗子。我计划每年的香包用不同的材料做成不一样的形状，再加上不同的装饰，但唯一不变的是放在香包里的香粉是相同的味道。

对于香味的选择我再三考虑，没有选用朋友建议的茶树精油或其他类花的芳香剂，而是选择传统的古早味香粉。选择古早味香粉除了它真的有驱虫的作用，还因为这种味道不是轻易可以获得的，只有在这个特定的节日家里才会有。我希望这种独特的香味可以留在小袋鼠儿时的美好回忆中。

离端午还剩两天，幼稚园开始带领孩子一起包粽子。幼稚园的粽子也很有自己的风格。因为在幼稚园小朋友食素，所以粽料是高丽菜（圆白菜）炒豆干、香菇等，十分特别。

那天放学，小袋鼠脖子上挂着老师做的大红缎面的香包，手里拎着自己做的两颗粽子，一进家门就迫不及待地向我介绍制作的过程。晚餐我们喜悦地分享了一颗小袋鼠包的粽子，另外一颗小袋鼠留给了晚上要来家里过夜的堂哥堂姐。

端午当天一早，我和小袋鼠一起去传统市场，节日的市场非常热闹，采买的人摩肩接踵。台湾一向很重视过节，很多中华民族传统的风俗和文化很好地保留和延续了下来。我先挑选要挂在门口的菖蒲、艾草和榕树叶，边挑边向小袋鼠解释这些草的名字和用途。接着去买菜，晚上的家族聚餐每家都要有一番厨艺比拼表演。最后，又去买了一些鲜花。

傍晚，我们母女俩换好旗袍，做好节日装扮，全家一起去爷爷家过节。女人们在小袋鼠姨婆的带领下包粽子，男人们带孩子们去楼下玩耍。

这让我想起小时候在南京干妈家一家过端午的情景，邻里的孩子们在门口一起玩，大人们和姐姐们坐着板凳在门口清洗粽叶、淘洗糯米，手脚麻利地包着粽子，很快绿绿的一串就可以下锅……那时，包的基本上都是只有糯米的白粽子，可是蘸着白糖那甜蜜的滋味我到现在都很怀念。

粽子下锅煮了一个小时差不多快熟时，大家开始轮流做菜。我老公打头炮，炒他拿手的玉米虾仁肉末。小袋鼠最喜欢吃他做的这道菜，每次都可以吃掉大半盘。吃饭的时候，她还悄悄地和堂姐说："我比较喜欢吃爸爸做的菜。"

……

成人对待生活的态度和价值观，会深深影响孩子的成长，进而建构起他的自我价值体系。我希望，对于小袋鼠来讲，端午节的意义不仅是热闹忙碌的一天或者只是浅显地认识了一个节日和节日的由来；我希望，借由我们，对待节日的方式可以潜移默化地影响小袋鼠对待传统文化、对待亲情、对待生活的态度。而这种态度却会累积在她的生命里。

圣诞礼物

圣诞节在我们内地盛行应该是近二十余年的事吧!

圣诞节对于没有宗教信仰的我们而言，究竟意味着什么？是圣诞礼物？是圣诞大餐？是圣诞派对？……这些大多是商家大肆炒作而起的，无外乎是为了趁机掏空消费者的腰包，你傻傻地happy时，他们心里偷偷地更happy。

有了小袋鼠后，我开始思考在没有宗教背景下，要如何陪孩子过这个节日呢？

小袋鼠4岁时，我们正式和她一起过这个节日。我心里计划着把这个在寒冷冬天的节日规划成每位家人互送礼物传递爱和温暖的特别日子。在我的特别营造下，小袋鼠也为父母和家人选礼物表达爱意。圣诞节前，小袋鼠一次任性发脾气，老公就说："你要乖，乖才有圣诞礼物。小乖有小礼物，大乖有大礼物。"这招现场效应不错，但我听了直皱眉头，私下提醒老公："拿礼物作要挟不太好，而且不要有大礼物小礼物之分，礼物如何区分大小？那都是我们爱的表现。"

那年喜欢运动的小袋鼠很想要个儿童棒球，我答应送给她。老公挑好后看着价钱对我说：“这未免太糊弄女儿了吧，要不要再给她准备一份像样点儿的圣诞礼物？”我摇摇头说：“不用了，小孩子没有金钱的概念，并不会觉得价钱贵的就是好东西。她最渴求的就是最好的礼物。”礼物的意义不是用价格和奖惩来衡量的。

小袋鼠5岁那年的圣诞前夕，她主动提出：“我要送爸爸刮胡刀，妈妈你喜欢什么，我送给你。”其实，她的这句话就是最好的礼物，但为了让她付诸行动，我还是点了个很需要的礼物——简单的木质画框。这些买礼物的钱都是从她的小小存钱罐里拿取的。

节日前夕，小袋鼠很确定地为爸爸选了一款刮胡刀，对我说：“妈妈，我们包礼物时，要在礼物的外面写上名字，这样就知道是谁的礼物了。”我点头答应。

回家后，小袋鼠突然跑到厨房找我，说：“妈妈，我想到一个好主意，包礼物不写名字让大家猜哪个是自己的，好不好。”我边炒菜边笑着说：“嗯，宝贝想了一个很棒的主意，这样更有趣了，就这么办。”

而我为她准备的礼物是亲手织的一件毛背心。这是我第一次织一件衣服，对我也是一种挑战，我觉得这份努力和付出是无法用金钱来换算的。

小袋鼠6岁时，我开始特别引导她要亲手做一份礼物给父母。从11月她就开始在幼稚园一点点很努力地用五指编的方式为我织一条围巾，在家里每天晚上为爸爸一条线一条线地慢慢编一个杯垫。这份每天都做一点儿的礼物非常磨炼她的意志力，她编制完成后的开心是和收到礼物同等程度的。

每次准备礼物，即便是送给家人的，我们也会包得美美的，这样收礼物的人可以品味拆礼物时期待的喜悦。而包礼物的外衣我们尽量用可以重复使用的，例如丝巾、花布、毛线、花边、纸绳、已重复多次的包装纸。包装的材料不是重点，那份对事物的用心、对家人的尊重和对生活的巧思才是重点。

从小袋鼠小时候起，每年的平安夜，在她要上床前，我都会倒好一杯水果茶，请小袋鼠拿两块饼干放在茶杯的盘子上，在餐桌上放好。这些是慰劳在寒夜里辛苦送礼物的圣诞老公公的。平安夜对圣诞老公公到来的期待，我们一直延续到现在。

那年圣诞节一早，小袋鼠爬下床直奔客厅的圣诞树：“妈妈，妈妈，圣诞老公公在圣诞袜里装礼物了。”我也睡眼蒙眬地爬起来。

“妈妈，圣诞老公公一定在窗户那里看到我喜欢玩厨房游戏，才送给我这些的。”小袋鼠兴奋地摆弄着木质的碗、勺、杯子、小刀。小袋鼠又跑到餐桌前向我报告：“妈妈，老公公把饼干都吃了，茶喝了一点儿。”……

每年小袋鼠拿到礼物时并不会着急要拆，她会主动说：“等爸爸回来一起拆吧！”因为平安夜老公都会因工作而出差，经常要到圣诞节的傍晚才回来。我每次都回答：“好啊，宝贝，一家人都在时再拆礼物。”

也许小袋鼠心里懵懂地知道，家人分享的喜悦比礼物更重要。

新年星愿

自从有了孩子，我总会有又是一年的感叹。日子就是在看孩子的裤子又短了、鞋子又小了、身体又长高了的惊觉中匆匆地走过。

在每年新年前的那几日，我都会领着小袋鼠慢慢地打扫布置每间屋子，买美丽的鲜花，插成各种造型摆在餐桌、茶几、窗台、书桌、床头柜、洗手台……让每个屋子都飘散着淡淡而清新的香气。我希望可以在浪漫的氛围中迎接崭新的一年。

然而，除了打扫布置家以外，还可以带孩子做点儿什么来迎接公历新年呢？新年的含义是什么呢？它带给家和自我什么样的影响呢？……我思索着为了迎接新年可以带孩子做的活动。

新年是一个崭新的开始，每个人对未来的日子或多或少地都会有些新的期待，新的安排。由此，我很自然地想到了就以“许下新年愿望”来作为我们的新年活动。

曾经，从学生时代起我每到新年都会许下新年的愿望，这愿望无论是学业也好，爱情也好，事业也好，都是一份对自己的期待。而步入家庭有了孩子后，自己犹如汇入大海中的一滴水，家庭的颜色就是自己的颜色。之前每年的新年愿望都是围着小袋鼠和老公，忘记了自己。现在，我也要开始好好考虑对自我的那份期许。

新年的第一天，我和小袋鼠一起折了几个美丽的七彩色的Window Stars。Window Stars是一种类似星星一样的窗花。我们把它贴到客厅的窗户上，家里立刻有了一种彩色的光芒，一种崭新的指引。于是，我们一起对着Window Stars许下自己的新年愿望。小袋鼠知道愿望的含义并不是“我想要什么”，而是“我希望自己可以做到什么”。

这次，我许下的愿望除了对家人的祝福还多了一个对自己的期望和要求。小袋鼠有着什么愿望呢？曾经她希望自己可以跑得更快，跳得更高，很会踢球和打球……这次，小家伙很认真地许完愿，却没有讲出来。我虽然很好奇，但是也没有问。小袋鼠的那份期待就留给她自己慢慢品味吧。

· Chapter 4 ·

与宝贝一起在生活中获得滋养

白云是飞机的泡泡浴

星星是月亮的娃娃

小水滴会排队溜滑梯

小石头会闪出金色的光亮

……

我听着

宝贝与世界说着最美的情话

谁说孩子是不懂事的娃

体察孩子的理由

孩子难免有时会有与平常不太一样的状况，大人称之为反常行为。这些反常行为其实背后有着大人想象不到的原因，需要细心询问和体察。

小袋鼠两岁半时，一天在幼稚园尿裤子了。当时小袋鼠已经学会自己上厕所了，很少有尿裤子的情况。我想孩子还小这是难免的，不想给她压力就没问她。隔天，接她放学她又尿裤子换衣服了。我觉得奇怪，就问她："宝贝，你又尿裤子了？"

"是。"

"怎么会尿到裤子上了呢？"

"因为马桶都被小朋友坐满了。"

我想，她一定是憋不住了才尿的。还没等我说话，小袋鼠又用手比画着接着说："厕所里还有一个直直的长长的那个，有其他小朋友在那儿尿尿。"幼稚园里小朋友的厕所除了有小马桶，还有一个小水沟是直直长长的，那是给小男生尿尿用的。

“我就脱了裤子，也那样尿了，结果尿到裤子上了。”小袋鼠边说边屈膝把小肚子往前挺，模仿尿尿的姿势。小家伙没马桶坐就学男生尿尿的方法解决问题，不尿裤子才怪。这真是一个让我啼笑皆非的理由。

小袋鼠3岁时，有段时间每次回家后都需要我催促多次才去洗手。一次，我正滔滔不绝地讲着不洗手会生病……小袋鼠看着我口沫横飞，轻轻地说：“我不洗手是因为家里的洗手台太高了，站在凳子上好危险。”

我一下愣了：对呀，小袋鼠不洗手并不一定就是懒惰不爱洗手啊！仔细想想每次出去吃饭，饭前小袋鼠都会很配合地去洗手，而且有时还会主动要求去洗。在外面洗手时爸爸或妈妈都会陪同，没有安全顾虑，在家里就让她自己去洗没人陪，从没考虑她有安全上的顾虑。

当天在小袋鼠上学后，我特地体验了一下她的感觉，站了站洗手台前的小凳子。她讲得没错，小凳子是新买的，虽然很漂亮，但它的凳脚没有防滑垫，踏上去时会有少许滑动，给人很不踏实的感觉。再则，它的高度有点儿高，小袋鼠一定要扶着洗手台才能站上去，对她来讲也会有不安全感。

我立即找出一个旧的塑料凳，刚好比现在用的矮一点儿，而且底部有防滑垫。把凳子换掉后小袋鼠洗手就没有后顾之忧了。

孩子有时不想做一件事情或者有反常的状况，是一定有他们的原因的，但他们还小，不善于把自己的想法表达出来，因而那些事情背后真正的原因就会常常被大人“理所当然”地忽略了。

来个大拥抱吧

每次的假期都仿佛过得很快，离开北京的前一晚，小袋鼠要上床就寝前，姥姥过来和她道晚安，小袋鼠从床上爬起来说："来吧，来个大拥抱吧！"站在床上的她和姥姥同高，她们很紧地抱在一起。小袋鼠轻轻拍拍姥姥的背说："姥姥，我很爱你哟，我会想你的。"说完给姥姥脸颊上一个吻，强调："这次我真的有亲到哟。"姥姥立刻流下热泪。

去机场入关前，小袋鼠对姥姥、姥爷说："来吧，一起来个大拥抱吧！"姥爷把她抱起，三个人，头紧紧地靠在一起。

拥抱是我们家非常好的爱的传递方式，小袋鼠已经深深了解。

但以前的我和传统中国人一样不习惯、不好意思用拥抱来表达亲密或友好，是老公教会我这个仿佛是西方专有的"礼节"。自从和老公认识，每次分别，哪怕只是短暂的分离，他都会给我一个拥抱，让我习惯了这种礼节。有了小袋鼠后，大人给孩子拥抱是非常自然的事。但老公却也一直没忘记每次出门工作前一定走向我再给我一个拥抱。有时，我正在厨房忙，反而觉得他太啰唆，会非常不情愿地转身应付一下。

一次老公和我聊天，问我："你知道爱最真实的传递是靠什么？"我随口说："说出我爱你呗！"老公摇了摇头说："当然不是靠语言。爱最真实的传递是靠触觉，你可以真实地感受到那碰触是否充满情感……"那一刻我突然明白老公每次出门前的拥抱，他是很用心地传递爱给我，而我埋首于生活的烦琐中并没有用心领会。从此，每天无论我多忙，都会暂停一下，享受他给予我的爱的拥抱。每次小袋鼠在家时，她也会跑过来插在我们两个中间，一家人抱在一起。

当我懂得拥抱所传递的意义后，我更加重视给予小袋鼠的拥抱。每天她早晨起床后，我都会给她一个柔柔的拥抱，让她在一天的伊始先感受爱的美好。每次送她去幼稚园分别时，我总会给她一个大大的拥抱，而当她不愿分别时就会抱她在怀里为她哼唱一首歌或者简单的数个数。每次忍不住和她发了脾气时，我总会在收拾好心情时给她一个紧紧的拥抱，跟她道歉，让她了解无论发生任何事我都是爱她的。每次她哭闹时，我总是在她稍微平息情绪后给她一个拥抱，轻拍她的后背，她因气鼓鼓而僵硬的身体一定会在我怀里融化……

而老公对小袋鼠的拥抱更是具有一个父亲的特色。每次他见到小袋鼠，无论是接她从幼稚园放学或者是在约定地点和我们母女会合，他总会离小袋鼠一段距离站定并且蹲下身子张开双臂等在那里。小袋鼠每次看到爸爸迎开的双臂，就会像小鸟一样笑着飞奔过去，投向爸爸坚实的怀抱。即便是回家，老公也总是在门口放下包、蹲在原地、张开手臂等小袋鼠从房间跑出来。这个仪式一直延续着。

小袋鼠在爱的拥抱中长大，不用我告诉她拥抱的意义，她已经深深地懂得。

小袋鼠一次在跟她姥爷通电话中得知姥爷即将从外地回京，姥姥要去机场接姥爷，她叮嘱姥爷：“你要记得，在机场见到姥姥时要给姥姥一个大拥抱哟！”

搔痒与抓背

当老公刚把双手伸出来，小袋鼠就边尖叫边笑着往屋里跑，老公“嘿嘿”地笑着跟着过去。随后两个人就在床上滚成一团，老公一会儿挠挠她的小肚子，一会儿搔搔她的小脖子，小袋鼠在床上滚来翻去，“咯咯咯”的笑声一直在屋子里荡漾着……

这一幕在我家历演不衰，已经成了他们父女俩固定的戏码。每次在很放松的时刻，小袋鼠只要看到爸爸伸出双手就知道这个游戏要开始了。她总是边躲边配合着爸爸，十分享受这个和爸爸专有的游戏。有时，老公还会巧妙地用这个游戏当成催促小袋鼠的方式，老公笑着对她说：“你再不快点儿，我们现在就要做另一件事情了。”老公随即伸出双手。小袋鼠立刻意会爸爸要搔她痒了，赶紧笑着回爸爸：“啊，我快好了，先别……”

老公常说，父母和孩子之间的游戏不要总想着要借由多高难度的工具或者精美的玩具来提升孩子点儿什么，其实最平凡、最简单的游戏给予孩子的意义更大，孩子所获得的爱和快乐的感受纯度最高。

同时，老公还深知触觉是一种非常奇妙的感觉，它不但让我们对自己的身体有意识，而且也是亲人之间最好的爱的传递方式。因此除了搔痒游戏，老公也非常重视给小袋鼠抓背。因为抓背和搔痒都是我们自己无法独立完成的触觉感受，需要借由他人而体验，这正是传递爱的很好的途径。当然，老公重视给小袋鼠抓背其中还有一部分和老公儿时的经历有关。

老公现在还清楚地记得，他年幼时每晚睡觉一定要大人轻挠他的后背，他会感觉身体特别放松和舒服，这时他才会很安心地入睡。这种美好的感觉也许太深刻了，所以老公也喜欢把这种感受带给小袋鼠。

每天晚上小袋鼠洗完澡，只要老公在家时常会帮她抓抓背，小袋鼠总是调整好趴着的姿势非常乐意地享受这种服务，经常还指导爸爸往哪里再抓抓。每次老公都会非常有耐心地帮她抓，有时抓着抓着小袋鼠就睡着了。

生活中许许多多像搔痒、抓背这样平凡的、非常不起眼的小事，它带给孩子的美好感受却是深植孩子一生的。

挑食的小家伙

我认为世界上没有比我老公更挑嘴的家伙了，他小时候吃饭时我婆婆一定放一根棍子在桌上，就这样打都没打过来……我祷告小袋鼠千万别像她爸爸一样，但越担心的事往往越会发生。

小袋鼠从6个月开始加辅食，前一两年还是个比较好喂养的小孩。遇到她不太想吃的食物，我总能编个说法，例如饭菜是一家人，爸爸妈妈进到你肚子里了，这个菜是他们的宝贝，他也要赶紧进到你肚子里去找他的爸爸妈妈……各种故事性的说法能够让小袋鼠心甘情愿地吃下每口饭菜。

因为我很在意小袋鼠会模仿她爸爸挑食的行为，所以老公在家吃饭时我尽量都煮老公爱吃的食物并避免提到他不吃什么，而我们母女二人用餐时才煮些老公不吃的食物，这样小袋鼠就无从模仿。

小袋鼠的挑食大约是从3岁左右慢慢开始显露出来，我一边细心观察她挑食的状况，一边检讨自己的饮食教养方式。

我觉得有一方面原因是我在她1岁后才给她固体食物造成的。当时她长牙长得晚，给她的固体食物总是原样排泄出来，我想这样子都没有吸收到营养啊，所以决定少给她固体食物，还是以蔬菜稀饭为主。也许是因为太晚给她固体食物，而错过她重要的咀嚼能力的培养期。

小袋鼠的挑食还有孩子爱幻想的成分。例如她觉得虾子长得像虫子，螃蟹长得更恐怖……我把这些食物剁碎了看不出形状她也就吃了。她对于食物的想象这部分我相信她长大一定会自我克服的。

我还观察到小袋鼠对食物的挑剔主要是因为她嗅觉、味觉都非常灵敏，例如别人家煮饭的味道飘进家里她总能第一个察觉并说出人家做的什么菜，而我要等过了几分钟后才能闻到她说的味道。随着长大，她对于味道越来越有了清楚的自我认知和喜好。而人对于嗅觉的喜好往往是身体的本能及渴望。小袋鼠这些对食物的本能喜好有时是完全和她爸爸相反的，说明她的喜好不是经由模仿产生的。

我们人类的味觉最原始的功能应该是分辨食物是否适合自己的身体，是否有益于自己身体健康，每个人的身体体质都是不同的，所以对食物的需求当然也会不同。如果孩子没有养成不良的饮食习惯，没有把食物当成情绪发泄或者欲望所需时，他对于食物是否有益于自己身体的敏感度要强于大人。对于有些食物的拒绝或许是孩子生命的本能反应。例如小袋鼠非常爱吃面类主食，是因为0～7岁的孩子正在长身体，需要大量的淀粉。例如小袋鼠不吃茄子、菇类，是因为这些食物对于0～7的孩子太过强烈，具有有害倾向，而对于已具备成熟身体的大人是无碍的。

在观察了解小袋鼠挑食的原因后，我对她的饮食喜好并不会强求。我会经常带着她参与食物的准备过程，因为通过她自己动手，她对一些排斥的食物也提高了接受度。更重要的是，我从小给她养成了愿意吃水果、蔬菜，不吃零食、国际快餐和高热量食物的健康饮食习惯，所以在此之下有些食物不吃也无妨。

小孩子对不同食物的接受度是会随着身体和心灵成长而变化的。大人要给予孩子一些耐心和宽容。

小袋鼠在五六岁的阶段面对食物开始又长出一些勇气，有时吃饭时愿意尝试一些不曾吃过的食物。

因此，在小袋鼠基本健康的饮食习惯中我容忍她部分的挑食。我不想把纠正她挑食变成我们母女之间的亲子战争，我更重视用餐时愉悦的氛围。

于是，我除了加强自己的厨艺外，每个星期我们家会固定一餐是她的“挑战日”，让她尝试她不敢吃的食物。我希望餐桌不要变成战场，我希望把家长对于孩子挑食的拉锯战转化成小袋鼠自己面对自己的不断挑战。这或许是她自己的生命功课之一，需要时间来慢慢完成。

插嘴

在大人讲话时，小孩因为很想参与或者只想到自己的事情要表达没有考虑到大人在讲话，而不断地在旁边插嘴，这种事在每个小孩身上都会发生。为了引起大人的关注，小孩的童音会拔得高亢而尖锐，经常吵得大人无可奈何或者非常不耐烦，这时我常常听到大人的怒斥："讨厌，吵死了，别插嘴！"

小袋鼠非常好管闲事，所以也喜欢插嘴。我想每个小孩只要会使用语言就会有想要用说话表达自己的欲望，插嘴是很正常的事，重要的是如何教会孩子用一个不需要提高嗓门的方法来示意对方自己有话要说，并且在这过程中学会倾听、等待和适时地加入谈话。

于是，我不断向小袋鼠提醒："妈妈在和别人讲话或者打电话时，请你不要也在旁边讲话。这样大家都在讲，非常吵，谁的话我也听不到。如果你有话想说，请你先拍拍妈妈的手臂，妈妈就会了解。你稍微等一下，妈妈讲完就可以轮到你了。"

在我们要求孩子不要插嘴时，其实我们大人也做得不够好。我们大人之间的对话多半会尊重对方不擅自插话，可是当孩子在讲述一件事时，我们时常会因为自己的事情而打断孩子，没有让他表达完整。或许大人潜意识里认为孩子谈话的内容大多不重要，所以也经常会出现孩子在和大人讲话时被别的大人打断，这都是大人插嘴的不良示范。

有一次，小袋鼠叽里呱啦和我说着她的一件事时，姥姥突然想起一件重要的事而要插嘴。这时，我冲着她摆摆手说："您等一下，宝贝先说的，让她说完。"等小袋鼠说完我也回应完后才转向母亲说："好了，现在轮到您说了。"

如果我们没有对孩子讲话给予完全的尊重，那么我们如何要求他学习到尊重大人的谈话呢?

专注的习惯

小袋鼠在房间用积木盖房子，姥姥从商场回来，一进门就高兴地喊："宝贝，快来，看看姥姥给你买什么了。"小袋鼠太专心并没有听见。我急忙到客厅边接过姥姥手里的东西边说："妈，她在房间搭积木，先别打扰她，让她把积木搭完再叫她来看。"

我们大人很容易认为孩子的游戏不是重要的事，而在孩子游戏的过程中，不断地打扰孩子。大人随时想起什么就插话进去，甚至打断孩子的游戏让他去做另一件事。有些大人还会在孩子没有发出邀请时，就进入孩子的游戏，并带领孩子玩。其实，这些都是对孩子在自我探索世界的一种干扰。

大人无意识的干扰会使孩子无法拥有一段很长时间让自我深入在一个游戏之中。久而久之，对于游戏，孩子就会开始依赖大人的带领，或者需要靠不断寻找新的游戏来吸引注意力。如果孩子可以专注于自己的游戏中，他就可以由一个想法不断发展出新的想法，由一个动机连带出一系列的尝试，这也是孩子发展自我创造力的最好时刻。

当孩子没有向大人发出求援信号时，大人只需要静静地在旁边做自己的家事，让孩子自己沉浸在其中。

经常会遇到一些家长抱怨孩子做事情不够专注，我想专注也是一种习惯，大人在孩子幼年期有没有经常让孩子专注在自己的游戏中而不被打扰呢？其实，这就是对于孩子专注习惯的最好培养。

一支铅笔

小袋鼠早上画画找不到她的铅笔了，我刚好也需要一支看书做记号用的荧光笔，于是两人一起去书店买。

书店内有各种花花绿绿、形形色色的笔。小袋鼠立刻像饿狼看到了野兔般，两眼放着光地拿起这支放下那支。

现在的笔做得非常花哨，很多都和玩具结合在一起。小袋鼠看到一支铅笔上还有着一个可爱的小狮子，欢喜地说："妈妈，我要这支。"

我看了摇摇头说："宝贝，我们不是来买玩具的，是来买铅笔的，我们挑那种简单的只有一根木头的铅笔。"

小袋鼠嘟囔着："不是你挑你的，我挑我的吗？"

我回应："你挑选的，要妈妈同意才能买。"

可是，那种最单纯的铅笔真不好找，众多铅笔不是自动的，就是带玩偶的，或是打包成一整盒的。现在，商品越来越多地被做成娱乐品来推销，对于孩子的用品，生产商更是挖空心思，想利用孩子多从家长的口袋中掏出大把的银子，于是几乎有关于孩子的用品都用玩具的形式来打市场。

我就是不甘心，我只想找我小时候用的那种一根木头的、简单的铅笔。

最后，终于在素描类铅笔中找到了。

我挑了4种粗细适合孩子的铅笔，拿给小袋鼠选，她的权限仅此而已。小袋鼠欣然接受，比较了半天，从4种中选了一支。

从一支小小的铅笔就可以看出，现代社会物质过于丰富，商品在华丽的包装之下，很容易让人忘记了它的本质。现在，孩子所经历的物欲考验要比我们小时候严峻许多。

晚餐谁决定

对于年幼的孩子，很多事物的主导权统统是应该在大人手上的，包括饮食，而对于饮食的主导权首先要从采买开始。

我很注重食物的健康，所以从小袋鼠还坐娃娃车时我们去买菜都是选择去台北的有机商店，而不是去超市或大卖场。除了大卖场人多嘈杂不适合带孩子去之外，还因为有机商店的菜都是不使用化肥和农药的，这样的蔬果健康自然。而且有机商店通常都不太大，不会充斥着五颜六色包装华丽的大量零食诱惑孩子。

我把采购就限制在生活必需的食物上，拒绝因诱惑而购买不健康的食品。我不断地用行为向小袋鼠灌输我们只买食物、少买食品的健康饮食观，小袋鼠也养成不会从货架上拿零食的习惯。对于很多小朋友像家常便饭般的零食，例如薯片、汽水等，她到上小学之前都从来没吃过甚至没留意看过。

因此，饮食的健康习惯需要从采买就开始了，而这个主导权一定在大人手上，绝对不能为了博取孩子欢心或者作为奖励任由孩子做主。

因为抱着只买食物少买食品的观念，再加上家里有两个挑嘴的家伙，所以我在提高自己的厨艺上非常努力。我买了很多食谱，上了很多课程，除了让餐桌上的菜色可以变化，也把很多的加工食品变成自己用手做，例如糖果、果酱、面包、馒头、甜点、饼干、泡菜等。我想小袋鼠吃到的不仅是健康安心的食物，也是作为妈妈的爱与用心。自己下厨为家人而努力，这同样是必须要传承的健康饮食态度。

逐渐地，我家也开始建立了饮食规律，除了周六、周日，我们尽量不外食，都在家做饭。星期一是我们家的“大餐日”，我会在家做大餐全家人一起享用；星期二我们母女二人简单吃；星期三全家人一起去爷爷家和爷爷、姨婆聚餐；星期四母女二人去爷爷家和爷爷、姨婆打扫剩菜简单吃（在小袋鼠长大一点儿后，调整为“挑战日”，鼓励她尝试不爱吃的食物）；星期五母女二人在家简单吃；星期六经常出去玩，就近外食，但绝少选择洋式快餐；星期天全家人一起去外面吃个正式的晚餐。

一个星期中每日饮食的规律也可以给孩子非常好的安全感，而这个规律是由大人依照家庭需要来制定的，而不是为了讨好孩子。

在这种规律下，小袋鼠大约5岁多时就对晚餐的具体菜色开始关注了。她从幼稚园回来经常会问：“今晚吃什么？”如果不是她心里想象的就会有些不太开心。于是，我很明确地告诉她，晚餐吃什么是由做饭的人决定的，妈妈决定星期一、星期二、星期五，姨婆决定星期三、星期四。至于星期六、星期日的外食，可以星期六由她来决定，星期日由爸爸来决定。如果有什么特别想吃的菜色，一定要提前一日告诉妈妈，才可以帮她达成。小袋鼠接受了这个新规则，生活依照是有迹可寻的。

星期六在她的主导之下是可以去吃她爱吃的寿司或意大利面，而平常我们坚持以中餐为主的饮食习惯，只有在周一时我才会偶尔做西餐。

在台湾，孩子的饮食西化很严重，因为西餐的口味重，非常能赢得孩子的喜欢，但中国人的体质是适合中餐的饮食习惯的，而且中餐的饮食文化有着几千年的累积是值得骄傲和传承的。

手作玩具，手作生活

我并不是一个天生手巧的人，可以说在我家长辈眼里，我是一个十足笨手笨脚的家伙。

从小，妈妈就不让我分担家务，所以我的动手能力很差。我还清晰地记得第一次拿起棒针的情形，那是在我参加华德福读书会的课程上，阿辉老师教我们给孩子织一只猫咪。我非常笨拙地把棒针拿起来，把线缠在手指上，然后跟老师说："老师，我这个样子，手指完全不能动了……"现在想起来都觉得当时的自己十分好笑。但所有的事情有了开头只要坚持下去就会有不同的感受。当我把猫咪完成送给3岁的小袋鼠时，我想我比她还要喜悦。这不仅是我亲手做给孩子的第一个玩具，也是自我挑战的成功。我开发了自己手工制作的潜力，并且从此爱上了手作生活。

接着，我陆续学习了棒针、钩针、羊毛毡、手作娃娃、拼布、染布、裁缝等手工制作。从此小袋鼠的玩具几乎都是我亲手制作的。而妈妈的手作特别温暖，充满了对她的爱——这点我不用说，小家伙就能感受到。

一次，在百货公司，小袋鼠在一只昂贵的小熊前顿足，我以为她想要买，但小家伙看了很久离开时对我说：“妈妈，这只小熊非常漂亮，但还是比不上妈妈做给我的玩偶，妈妈做的是最棒的。”她的话让我非常感动。

那些手作玩具，也许不够炫目，也许不够华丽，但小袋鼠非常清楚地知道她收到的不仅是玩具本身，她还收到了妈妈对她浓浓的爱。

在我每次拿着棒针陪在小袋鼠身旁时，小家伙可以看见通过我的双手把一根普通的毛线慢慢转化成一件玩具的神奇魔力。这让小袋鼠从小就非常真切地体会到，我们的双手是所有创造的原动力。我们的任何想法都可以通过我们的双手去做，双手能够实现梦想、创造生活。

孩子原本就是行动派，在我开始手作不久，小袋鼠很快就表达想要参与手工制作的愿望。尤其是在一些节日她要送出礼物的时候，她第一个想到的就是：“我要做点儿什么好呢？”我会挑一些简单的适合她年龄的手工和她一起制作，手作时间成为我们母女美好的亲子时间。

她总是大胆想象，画出孩子气的设计图，然后和我一起把她的设想完成，这是对孩子的想象和创意绝佳的培养方法。而在手工制作的过程中，孩子的专注和耐心也同时得到了培养，同时，孩子还付出了对最初设想不断调整的努力。一次，小袋鼠用了一下午才做完了一份小小的礼物，她不禁感叹道：“手工礼物才是最珍贵的礼物啊！”

我的手作时光虽然是因孩子而起，慢慢地，我发现我喜爱手作不仅仅是因为孩子的教育，而是为了我自己。作为母亲，我的生活必定会因为孩子或家事分割成个个片段，而我把那些片段的等待、片段的陪伴，统统通过编织把它们串结成一件件美丽的作品。而且编织那不断重复的、规律的模式，让我感受到了一种内在的、缓缓的节奏，使我的情绪得到了舒缓和平复。

并且，我通过手作生活而把自己的创意激发出来，也培养了我对生活细腻的感悟，让我的生活充满了个人特色，让孩子可以在充满母亲创意的生活中成长。这对于家庭会产生巨大而正向的能量。

比萨

“晚餐要做什么好呢？”这是我最常问自己的话。

星期一“大餐日”的早上突然心血来潮，不妨做个比萨吧。端午假期参加幼稚园活动时，在农场里和小袋鼠做过一次比萨，心里大致有个概念。

打开冰箱，还有胡萝卜、玉米、洋葱、香肠、恺撒酱、番茄酱，那就以此做基准去采购材料。小袋鼠特别爱吃凤梨口味的，所以凤梨是第一个要买的。青椒或甜椒也要选，小袋鼠平常不肯吃，就混在爱吃的比萨中可以“闯关”。奶酪丝、生菜也是万万不能落下的。

下午两点洗菜，切菜，称面粉，泡酵母粉，开工了，心里有着一种期待的兴奋。为了使面皮好吃，把面团整整揉打将近40分钟，手腕都有点儿痛了。这时面团看上去光滑漂亮如抛光的玉石，拉起来又有口香糖般的韧性，我才心满意足地盖上保鲜膜让它发酵。刚好这段时间可以去接小袋鼠放学。

我把不用的厨具一一洗好收拾妥当，并把接下来制作中不需要放冰箱的材料都按步骤顺序排好，这样等小袋鼠回家就可以轻松地和我一起做比萨，而不至于大人小孩乱成一团。

小袋鼠一听要做比萨，回家的路上就不停“耶——耶——”地欢呼。一进门，小家伙就迫不及待地跑去看面团：“哇，已经长好大了。”随后，冲进浴室，不用我啰唆，非常仔细地把小手洗干净，她拿卫生纸边擦边说：“来吧，妈妈，我们做比萨吧！”

面团已经发酵了一个多小时，圆鼓鼓软蓬蓬像胖乎乎婴儿的脸。我把它分成六个小团，母女分别拿着一个继续揉捏捶打。小袋鼠站在凳子上把整个身体的重量都压在她两个纤细的胳膊上，“啪”，一不小心面团甩到了地上，“哎呀”，小家伙叫着脸就要变天。我把面团捡起来吹了吹拍了拍：“哈哈，没事，还好你没甩到妈妈脚上。”她立刻跟着笑了起来，接过面团仔细地检查有没有黑点，然后继续对面团“施加暴力”。六个小团捏揉得差不多，就让小袋鼠给它们排好队进行第二次发酵。

小面团也像气球一样被吹了起来，可以擀成饼皮了。小袋鼠拿着擀面杖像压路机一样很用力地压着：“妈妈，我怎么擀不成圆，它总是爱心形的。”她有点儿懊恼。其实，我也擀不圆。“哈哈，妈妈也是，怎么一擀就成爱心了。我知道了是我们的爱心太多了，”我用手戳了戳她的胸脯，“爱心就嘣——嘣——，跳到面团上了。”她怕痒躲着我的手指咯咯地笑。

在面皮上抹酱放材料的工作被小袋鼠独揽：“凤梨要加得多多的，奶酪要撒多一点儿。”两只小手一直在这两样食材上流连，我就不断地往凤梨下面塞洋葱、青椒。

当“叮”的一声，第一张比萨就要出炉时，我们两个都瞪大了眼睛。

“耶，好像不错耶！”我端出了铁盘，把比萨“移驾”到盘子上，切了两小块。两个人鼓足嘴巴用力吹了两吹就塞进口：“哦——哦——好吃。”两人异口同声吹着气自夸。

“妈妈，我们要做几个。”“再做一个我们就应该够了。”

我们协力把第二个送入烤箱，然后把餐桌布置好。我给小袋鼠用果汁机打了一杯她爱喝的综合果汁，我拿出了一瓶小酒。两人坐定，小袋鼠伸出小手用力拍击了一下我的大手：“好耶，成功！”她拿着比萨大口大口满足地吃着：“嗯，好幸福哟。”

“是的，好幸福。幸福是通过辛苦付出得到的。”我补充。

“妈妈，你好喜欢辛苦哟。”小袋鼠举着比萨望着我。

“不是，妈妈是好喜欢幸福，但幸福有时是需要经过努力辛苦的付出才能品尝到的，就像我们今天的比萨。”

“嗯，”小袋鼠若有所思地停顿了两秒，“妈妈，干杯。”她举起了杯子又恢复了孩子的纯真笑颜。

我们把第二张比萨留了三块给老公。睡前，我特地把盛着比萨的盘子放在沙发前的茶几上，希望可以当老公的夜宵。

第二天早晨，我准备去做早餐时发现盘子已经放到餐桌上，走过去看见一张纸条代替了比萨静静地躺在里面。

Mommy：

从没吃过这么好吃的pizza。真的可以开店了！

Daddy

我立刻心花怒放地跑去抱还在熟睡的老公猛亲。我知道他不仅是在品尝比萨，也品尝到了我的那份用心。

小袋鼠睡眼蒙眬地起来问，妈妈笑什么。我拿着纸条给她念了一遍，她也咧着小嘴跟着一起傻笑。

新的一天在温暖的话语中开始了。

农耕体验

现代的城市小孩对于泥土和自然的亲近与劳作机会太少，朋友的工作坊举办了一系列种稻的亲子活动。我和众多父母热烈响应。其实，我也是城市温室里长大的小孩，怎么也想不到第一次农耕是在台湾的乡下。

农耕体验活动分四次进行。

第一次是插秧，在3月的一个星期日的早上。

从没有农耕过的我对插秧没有一点儿概念，对4岁的小袋鼠是否肯下田也没有多少信心。不过对于我们“城市土包子”般的母女即便是观看也是一种收获。

当天飘着小雨，农场的工作人员介绍了插秧的方法。要光脚下田，否则鞋子会陷在泥里拔不出来；要面对秧苗倒退着插，这样才插得整齐……

大点儿的孩子听完解释就迫不及待地跳入水田中。小袋鼠也着急地让我帮忙脱袜子，可是袜子脱掉了她却不肯光脚踩在泥巴上，我没有勉强她。小袋鼠站在田头看着哥哥姐姐们插得兴高采烈，心情十分徘徊。

这时，小袋鼠的叔叔走来抱她进入水田，她立刻变成无尾熊趴在叔叔身上。到了田中央和哥哥姐姐们会合后，她才慢慢尝试把脚踩入泥水中，站稳后开始信心大增，和哥哥姐姐一起兴致勃勃地拿苗插秧。

在田埂上观望的我放下心来，开始犹豫自己要不要下去。我很怕泥土里的小虫，可是如果不能克服自身的恐惧，这对小袋鼠是多么不好的示范。我鼓足勇气光脚迈入泥泞，水有些冷，但泥土是温暖的，踩进去脚很快就陷入泥土的包裹中。这时，想起一句诗“春江水暖鸭先知”，心想现在是脚丫先知道了。

通过亲身的体验，我们非常真实地感受到种田的辛苦。在水田中站立、拔腿、行走都不是一件轻松的事，何况还要一直弯腰插苗。插完苗，在田埂上简单地帮小袋鼠把腿脚冲洗干净，就回到农场大棚里开始搓汤圆。小袋鼠开心地搓些各种形状不规则的汤圆。也许是经过劳动消耗了体力，午饭大家都吃得特别香，一大锅米粉很快就见底了，大家做的汤圆也一扫而空。第一次的插秧体验在我们带着全身泥点的归途中落幕。

秧苗插完不是可以就不管的。相隔不到一个月的假日，“插秧团”继续去农场参加第二次活动——除草、整田、补插。

这天一早，雨下得很大，我带小袋鼠坐捷运（地铁）到达农场时，雨却停了。老天还真照顾大家。我们先参观菜园，闻闻各种香草植物，工作人员讲解有机堆肥施肥的过程。田里的秧苗已经长高不少，一片绿油油的。小袋鼠很期盼可以吃上自己种的米。有了上次的经验，孩子们很快就脱袜子用脚丫去亲近泥土。地里的水少很多，反而更泥泞。孩子们还开心地在田埂里一起玩泥巴、捉蝌蚪。

午餐的面条是大家一起动手煮，虽然很简单，但个个吃得津津有味。孩子有了种田的切身体会，才会对“粒粒皆辛苦”有更深的认知。

用餐结束后，农场工作人员搬来热乎乎的地瓜面团，孩子们立刻争先恐后地围在大盆的四周搓着地瓜圆。经过大半天的劳动，孩子们才恋恋不舍地带着地瓜的香气踏上归途。

当秧苗长得亭亭玉立开始绽放花朵时，我们被通知参加第三次“稻子开花”活动，刚好在端午的前一天。

清晨，我们仍旧是冒着小雨出发。到达时，已是大大的艳阳天。

农场工作人员先给孩子们讲了一个稻草人的故事，接下来，每人领一捆稻草要做稻草人。本应该要做大尺寸的稻草人插在田间，可是大家都想把难得的作品带回家，结果各位爸爸妈妈都做起了mini稻草人。一个个稻草人穿上各家宝贝的衣服，都变得非常可爱。

稻子一天开花3次，分别是清晨、中午和下午。我们在开花时间赶去绿油油的稻田。稻子的花很小，很脆弱。在开花时节最怕风和雨，小花一被打落就会影响收成。同样，这时人也是不能下田的，会碰落纤细的小花。看到自己种的稻苗已经长大，孩子们都很开心，收成的日子不远了。

中午，大家一起包粽子。小袋鼠已经在幼稚园做过，所以头头是道地指挥我的第一次尝试。在香喷喷的粽子大餐后，大家带着各自的稻草人回家了。孩子们举着稻草人走在台北街头，引起不少路人侧目，吸引了很多小朋友羡慕的眼光。

最后一次活动是收割和碾米，大家可以带着自己种的米回家。这对于小袋鼠真是一种幸福的期待。

又过了一个月，收割的那天小袋鼠6点多就起床了。在有事的早上，她总是动作很麻利，到达土城的农场还不到预定的8点钟。先到的家庭先下田，因为7月很早就已经艳阳高照了。一般来说这个季节，台湾的农民都是4点起床开始干活的，9点多就回去休息了。

农场工作人员讲完收割要点，大家都跃跃欲试。小小的镰刀非常锋利，小袋鼠体验了几次割稻后，就让她负责把稻子八个一捆地摆好。烈日下割稻很快就挥汗如雨，小小的一片并没有像想象的那样轻而易举完成。我的手臂也被晒得有点儿刺痛，那一刻的心情是看到稻田里遗落了哪怕一小枝稻穗都会很心疼。农民真的非常非常辛苦。我和朋友打趣说：“割完稻再去看米勒的画展会更有感觉。”小袋鼠也说：“不好好吃饭，土地也会生气。”

割下的稻穗被放在打谷机中把谷粒打下，小袋鼠听着机器轰隆的声响，看着滚轮飞快地转动，不太敢尝试。她对于没见过的扁担却有着浓厚的兴趣。小袋鼠坐在竹筐里，被一个小朋友的爸爸担起来的感觉让她笑开怀。

谷子打完了要晒3天才能碾米，而碾米的时间我们却已回北京，遗憾无法参与。不过农场贴心地准备了一包碾好的米，让我们带回去。

品尝自己参与种植的稻米，我和小袋鼠都觉得格外香甜。经过这次宝贵的体验之后，我又带着小袋鼠参与了更多种类的农耕活动。我和孩子不仅仅收获了劳动的快乐，还有自然赐予我们的巨大生命能量。

孩子都是小诗人

孩子在幼年期想象力非常丰富，世界如同童话般在他们眼前展开。而且他们又处在语言学习阶段，所以他们对语言的使用不会被规范和理性框住，富有大人所欠缺的创造性。每个孩子都是一个小诗人，小袋鼠也是。

——“汤匙是扁扁的车，呜——开过去。”小袋鼠举着汤匙从我眼前晃过。

——“我的嘴巴是碗，牙齿是刀，舌头是盘子，面条放进去就断了。”

——“嘴巴是洗手台，在洗汤匙呢。”小家伙正叼着汤匙。

——小袋鼠指着自己的嘴巴说：“我嘴里住了个美人鱼，是舌头。”

——小袋鼠刷完牙，漱完第一口说：“妈妈，看小瀑布。”

——早餐，小袋鼠吃得满嘴都是，我递给她面纸，她从嘴巴一头抹向另一头说：“像拉链拉过来，再拉过去。”又抹回来。

——小袋鼠边吃边说：“叉子是楼梯，汤匙是电梯，碗是一楼，嘴巴是五楼，面条是乘客。现在面条要从一楼去五楼了。”

——“我是大吊车，通心粉是管子，香肠是轮子。”小袋鼠用力地盛起一匙，伴着“啊——呒——”一声夸张地放进嘴里。

——小袋鼠一边刷牙一边说：“牙刷是扫把，在嘴里扫地呢。”

——傍晚小袋鼠说：“太阳下班了，陪我玩一整天了，慢慢跑回去了。”

——小袋鼠把纸一开一合地说：“这是鳄鱼的嘴巴，张开闭上。我看看里面有没有长蛀牙。”

——小袋鼠边穿鞋边说：“鞋是脚的床。”

——听到一声春雷，小袋鼠说：“雷像打鼓的声音。咚——咚——”

——小袋鼠看窗外雨点噼里啪啦地落下，说：“妈妈，你听，好像钉子从天上落下来的声音。”

——小袋鼠问：“太阳为什么晚上就回家啦？”然后自己回答：“因为月亮是太阳的妈妈，晚上太阳要回家，月亮就出来，下雨天还会躲在云里。”

——小袋鼠将汤匙塞入汤碗的碗底说；“妈妈，你看潜水艇。”“哈哈，潜水艇不见了。”我笑了。“潜水艇出来了。”小袋鼠得意地拿出汤匙。“你的大海好喝吗？”我问。小袋鼠端起碗喝了一大口说：“嗯，大海好喝。”

——“我的嘴巴是垃圾桶，我在倒垃圾呢。”小袋鼠舀起一匙白饭放入嘴里。我顺势夹了一口菜：“菜是资源回收的垃圾，也要放进去。”小袋鼠开心地张开大嘴巴接住。

——小袋鼠用吸管在杯子里画圈圈，说：“妈妈，吸管在游泳呢。”又说：“吸管现在在洗澡呢，谁给它洗啊？”我笑着问：“是你吗？”小袋鼠笑着喝起来没回答。“哎呀，你怎么喝洗澡水啊？”我逗她。小袋鼠笑得喝不下去：“妈妈，我要去尿洗澡水了。”

——台风登陆之前，大大的太阳，蔚蓝的天空，雨一会儿飘起一会儿止住，我坐在车里欣赏着飘得很快的云，忍不住叫小袋鼠分享美丽的天空。“宝贝你看云走得好快哟。”小袋鼠把小脑袋瓜贴在玻璃上：“他们在赛跑。”

……

小袋鼠4岁多时的一晚，准备入睡时突然从床上坐了起来和我说：“妈妈，我写了一首诗。”我听了很惊讶地说：“好，你念给妈妈听。”我连忙拿本子帮她写下来，这是她人生的第一首诗：

走啊走，走啊走，看见有水在流；

走啊走，走啊走，看见有鱼在游；

走啊走，走啊走，今天故事满满；

走啊走，走啊走，我要坐在车上；

走啊走，走啊走，满路都是落叶。

· Chapter 5 ·

台北幼儿园生活

我忘了

花儿会说话

我忘了

怎么玩泥巴

我忘了

哭泣后可以马上微笑

我忘了

抱抱是最无私的接纳

谢谢你 我的宝贝

你教会我爱世界

最美的方法

美好的幼稚园生活

小袋鼠所上的幼稚园不大，全园在转型成华德福幼稚园时是从五六个孩子开始的，后来发展成两个班共二十多个孩子，连园长共四个老师，组成一个大家庭。在不大的房间、不大的庭院中，环绕着温暖和安定的氛围。

幼稚园不以脑力开发作为幼儿学习重点，而是强调幼儿期（0～7岁）孩子身体的发展、意志力的培养（良好的生活习惯和稳定的情绪）和艺术的感受。

每天孩子在幼稚园没有任何的认知学习，只是健康、愉悦地生活，可谓是教育机构中的“世外桃源”。

小袋鼠幼稚园的生活是这样安排的：

8：00～9：50自由游戏（孩子自由开展，老师对游戏没有设计和介入、带领）

9：50～10：20艺术活动（小朋友自由参与，不参加的可以继续自由游戏）

常规的活动安排是：星期一做点心，星期二做蜜蜡，星期三手工编织，星期四去户外公园，星期五玩湿水彩画

10：20～10：40晨圈

小朋友和老师围成一个圈一起唱季节性歌曲、手指谣[1]、生活化的韵文诗歌、游戏性歌曲动作等

10：40～11：00水果点心时间

每个小朋友每天带一个水果和大家一起分享，每个小朋友都会介绍今天带的是什么，让小朋友懂得分享之喜乐

11：00～11：45户外自由游戏

11：45～12：00说故事时间或偶剧故事

每个故事持续2～3周

12：00～12：40午餐

餐前一起念感谢词，让孩子从小就有一颗感恩的心

12：40～13：00睡前故事、手指谣、歌曲

13：00～15：00午睡

15：00～15：40户外自由游戏

星期二去公园，其他时间在屋内玩

15：40～16：10吃点心

星期一是吃小朋友上午自己做的点心

16：10～16：20结束圈

围成一圈唱歌送爱心

16：30放学

1　手指随着童谣念白做出相关内容的手指动作。

在每个环节的结束，老师都不是用命令或催促孩子的方式进入下一个环节，而是用歌声来引导，例如收玩具就唱“我们一起收玩具”，带领孩子一起愉快地去做。

记得我小学时曾看过黑柳彻子的《窗边的小豆豆》，当时好羡慕日本有体制外的真正尊重孩子的快乐学校，没想到自己的女儿也很幸运地进入了一家合乎孩子发展需求的与众不同的幼稚园。

有朋友问我，这样的幼稚园教育出的孩子会有什么不同，我想最根本的不同是在于孩子在童年期间是被允许他是个孩子，给予他应有的时间让他按照自己的脚步慢慢长大，而不是压缩孩子的童年拔苗助长。

每天看着小袋鼠哼哼唱唱地上学放学，深刻感受到学校本应就是快乐生活的延续。

亲师联络本

我准备写这篇文章前先翻看着小袋鼠在幼稚园的6本联络本。我一页一页翻着，时而忍不住笑出来，时而眼眶有些湿润，感动不断从心中溢出。这样，竟然过了一个下午。联络本没有看完，文章也一个字也没落笔。

在台湾的幼稚园，学生都会有一本亲师联络本。一般来讲，在联络本上会印一些表格，对于孩子在幼稚园每日的饮食、睡眠等状况，老师逐一勾选记录，学校有任何通知也会借此发布给家长。大多学校的联络本，老师每日只是做必要的勾选，如果孩子没有特殊状况老师不会特别记录些什么。

但是，小袋鼠幼稚园的老师除了做必要的勾选外，每周至少有三四天会用文字详细记录孩子在校的点滴。这对于老师是非常大的工作量。老师每次都利用孩子午睡时间，一本一本耐心地书写。老师记录着孩子游戏的内容、有趣的小事、小朋友之间的摩擦和互助……那些详尽的文字无不显示着老师对于孩子悉心照顾和敏锐的观察。而通过老师的这些观察记录，为老师和家长架起了一座畅通无阻的沟通桥。我们这些妈妈每天接孩子放学回家后第一件事就是迫不及待地拿出联络本，看看老师又新写了什么。看着老师的文字，孩子在幼稚园的画面就跃然纸上。我们家长可以清楚知道当父母不在身边时孩子的言行状况，从而更加了解孩子，也可以反思自己的家庭教育。

为了配合老师的用心，我也在联络本上详细记录着我平日在家对小袋鼠的观察，记录着小袋鼠回家所提到的每件看似微不足道的幼稚园小事。我希望联络本是个双向沟通桥，通过我的记录让老师更加了解小袋鼠，可以更好地引导她成长。我也时常在联络本上请教老师对于一些教养上的疑惑，同时分享教养上的心得。小小的联络本不仅填满了我和老师你来我往的文字，也盛满了我和老师对小袋鼠的爱。

这6本小小联络本，把小袋鼠成长的深深浅浅的脚印，通过老师的心和手完整地保存下来，这对于小袋鼠是一笔无价的财富。我内心充满着对老师的感恩。

特别的体验

飞机在北京上空盘旋时，小袋鼠把看着窗外的头转回来说：“我们幼稚园的小朋友都很舍不得我走。”小家伙刚走就开始想小朋友了。

小袋鼠的幼稚园空间不太，没有豪华的装潢布置，没有眼花缭乱的教具，而更像一个大家庭。由于是混龄的方式，她班上一共有15个3～6岁不同年纪的小朋友，相互以哥哥姐姐相称。每次全班去公园时大的总是很负责地拉着小的，就像兄弟姐妹一样生活。孩子们之间照顾和被照顾的感受对于小袋鼠这样没有兄弟姊妹的独女是多么可贵。

孩子们的妈妈因为是抱有同样的教育理念，所以也成为好朋友。每个星期一起参加读书会探讨、分享教养的观念和心得，一起为孩子组织各种季节庆典活动。在活动的过程中，有提供手工作品的，有煮食物的，有讲故事的，有编写歌曲的……大家齐心合力为孩子创造美好的记忆。家长的努力感染着每一个大人、小孩。

而老师也很特别，不是以教导者的姿态呈现，更像是家长的延伸。老师面对不同个性气质的孩子总能以平稳的态度、温柔的话语、优美的歌声、固定的节奏，给孩子带来稳固的安全感。老师以他们的身影来引领孩子而非说教。

在回北京前，当台湾入夏的第一次轻度台风来袭时，刚好赶上幼稚园每个星期的去公园日。风雨不太大，孩子们穿上小雨衣照例在公园里玩耍，和台风赛跑，小袋鼠那天回家就变成了小马“克勒贝”。幼稚园并不会因下雨取消户外活动，在孩子穿好适当的衣物下感受风雨也是很重要的体验。

夏日中午从公园回来，老师用水管清洗野餐的垫子，孩子们立刻把小衣裤脱掉，一个个光溜溜地趴在垫子上等老师把他们和垫子一同清洗。这样自然玩水的方式对于在大城市长大的孩子也是一份难得的特别体验。

在幼稚园不大的庭院中，老师栽满了各种植物，其中的一些经过老师的巧手就成了孩子们的盘中餐。孩子们像猴子一样爬树帮老师摘木瓜，有时我还看到小袋鼠抓着一把草，在院中啃着草根等我来接。老师修剪香椿树时，剪下枝条让孩子带回家，我也学习老师的方式把它打成香椿酱，给小袋鼠拌面，隔天再把剩下的酱汁来炒饭……

飞机轰隆地降落在跑道上，把我们的思绪一起又带回北京。我一直觉得非常幸运，小袋鼠可以进入这样特别的幼稚园，为我们母女创造了太多特别的体验。

老师的来信

每隔半年，我就要带着小袋鼠从台北回北京一个月陪陪姥姥、姥爷，这一个月幼稚园的小朋友对小袋鼠很是想念。细心的老师把这份想念用文字传递给我们。

小袋鼠5岁那年的春节，老师在幼稚园的网站给我们留言：

天气温暖许多，牵着孩子的手要出去走走。

孩子：老师，我们要去流浪吗？

我（注：老师，下同）：是啊！

孩子：那我们要去哪里流浪？

我：跟着风吹的方向走就知道了啊！

孩子们开始观察风往哪吹……

孩子：老师，我要你带我去买机票！

我：好！走！我们去买机票。

孩子：我要坐飞机去北京……我要去看下雪……

我要去找YQ[1]的姥姥、姥爷……

我：可是我没有姥姥跟姥爷家的住址啊！

孩子：那我要大声叫YQ和姥姥、姥爷……

孩子们非常的“卤”[2]

说得跟真的一样

才知道孩子们对YQ平常绘声绘色地形容北京的人、事、物

通通都收进心底

并且产生了情感

不知不觉地

我也想去北京找姥姥跟姥爷呢！

那些日子小袋鼠一再地要求我给她读这段话，小家伙的心里一定是暖洋洋的。

2010年为了帮姥姥、姥爷迁新居，我们在北京待了一个半月，老师给我们发来了一封信。信是一首老师写的温暖的歌谣：

春天好，春天好；

花儿草儿都醒了；

春风吹拂柳叶儿飘；

蝴蝶飞舞百花儿摇。

姥爷好，姥姥好；

迁入吉屋福高照；

福气安康精神好；

1 小袋鼠的名字。

2 卤：台湾地区方言，表示很执拗。

好运吉祥来报到。

雪宁好，YQ好；

伊帝马（注：幼稚园名字）天天都热闹；

兄弟姐妹齐声道：

少不了YQ一个宝！

补记（孩子们的说法）

N：我要YQ在我们毕业之前就回来！

Q：YQ是我的好朋友！

X：我要YQ赶快回来！

Y&W：我想YQ！

Z：YQ有来过我家两次！

小袋鼠咧着嘴听着老师的信仍然不断地让我重读，尤其是最后孩子们说的那些话。老师的来信感动着我们全家。老师总是很细心地关照着每个孩子，让他们的情感犹如兄弟姊妹般地紧紧系在一起。我很庆幸小袋鼠可以拥有这样一个好老师陪伴她成长，这真是上天赐予的礼物。

班亲会

台湾的幼稚园每半年都会有一次班亲会。华德福幼稚园强调学校是老师、学生、家长三方的共同体，所以对班亲会更为重视。

在班亲会上，首先，如同孩子的日常生活，由歌声和祈祷词做开场。接着，园长会报告学校半年的行事安排，学校定期会请校外的资深华德福老师甚至是国外的华德福老师来做演讲，这样有助于家长对于华德福教育的了解，帮助家庭共同成长。学校也会让老师在假日举办小的手工教学聚会，联系大家的情感，促进相互了解。我对于学校这些课程和活动很少缺席，每次的参与都会让我有很多新的体会，收获颇丰。

接下来，班级的主带老师会带领家长进行孩子们日常的晨圈体验。跟着老师，我们手牵手围成一个圆，然后念诗、唱歌、做配合的动作。晨圈随着季节而进行调整，用歌和诗把春夏秋冬自然的循环带入孩子的心灵。诗和歌，由国语、台语偶尔英文穿插进行。除了流传的古老童谣，还有很多老师们自己创作和改编的。这些诗歌文字优美，旋律由五音组成，接近天籁。老师悠扬的歌声，柔美的姿态，和缓的话语，沉稳的态度都深深打动我。在这样优秀的老师的带领下，小袋鼠在幼稚园的日子，真是太幸福了。我每次体验完，总是感叹："我好想重新回到童年，我也好想成为老师的学生，可以每天在幼稚园体验如此美好的生活。"

有时，老师还会用投影机播放她平日抓拍孩子游戏的情形。大家听着老师的讲解边看边笑，每个孩子的个性跃然于画面上。老师对于孩子的观察细致入微，总能发现孩子隐性的另一个侧面，而让我们家长更了解自己的孩子。通过老师的叙述，我总能感受到老师以她那坚定的意志和温柔的态度，无私地爱着每一个孩子。

在班亲会上，老师还会提出关于接下来半年内的重要节日的庆典活动的讨论，让家长参与其中，并把有些庆典活动完全交给家长来主导，这样更增加了家长与学校的紧密关系。

平日里，每个家长可以通过联络本，通过上学放学时间，通过电话，通过老师家访，通过单独约谈的时刻来和老师沟通。这些让老师和家长的联系已经非常紧密了，但因为班亲会是难得的集体讨论时间，所以大家都珍惜把握。老师和家长一起畅所欲言，把对于学校的想法或建议在这个时刻提出来一起商讨。每次班亲会都会欲罢不能，而延迟了午餐时间。

庆生会

小袋鼠的幼稚园在每个小朋友的生日当天都会为小寿星举办庆生会，而不是把当月的小寿星集合在一天来过。因为每个孩子的生日都是其他人无法替代的个体诞生的日子。所以在幼稚园里，每个孩子都很盼望过生日，希望成为那天唯一的主角，而且孩子前后会延续兴奋好几天。

庆生会一般选择生日当日下午的午睡结束后进行，可以邀请小寿星的家人一起参与。2007年秋天小袋鼠的4岁生日，是她在这个幼稚园过的第一个生日会，所以她爸爸、爷爷、姨婆和我全部隆重出席。

仪式开始，大家围坐成一圈，中间一个小桌上由蜡烛、我做的蛋糕、老师和小朋友送的礼物装饰而成。小袋鼠和引导天使（由年纪最大的姐姐来饰）在老师的歌声中走过彩虹桥，坐到我旁边的特别披上黄色布的小寿星宝座上。老师开始讲生日的故事，故事像童话一样介绍孩子如何从很远很远的星星的神殿进入地球成为父母的小孩，还会把小寿星从出生到成长的故事融入进去（事先家长提供给老师一些怀孕生产和孩子成长的经历）。整个过程都非常安静，大多数孩子都听得特别专注，因为生日故事中每次既有一样的部分又有个别独特的细节。故事讲完，老师把小袋鼠的成长照片给每个小朋友传阅。然后大家一起唱歌送爱心给小袋鼠。除了那首《生日快乐》歌，老师还会选择旋律优美，歌词有着故事画面的歌曲。接着，老师特意点燃四根蜡烛，小袋鼠走到小桌前吹熄。老师再从提篮中递上水果刀，让我和小袋鼠大手握着小手一起切一刀蛋糕。之后小朋友轮流上来送小袋鼠一幅湿水彩画。还有两个小姐姐带来了她们穿小的旧衣作为礼物。老师也赠送了一个亲手缝制的襁褓中的娃娃。这些礼物都是温馨又具有生命含义的。小袋鼠双手接完礼物边道谢边和每个小朋友抱抱。

整个庆生会的仪式非常简短，但场面温馨感人。随后就可以分享蛋糕了，小袋鼠像小主人一样，把老师切好的蛋糕送到每个人的手中。

在幼稚园里的庆生会不是一场喧闹的派对，而是通过神圣的仪式让孩子体会每一个生命都是独特而珍贵的，每个人对小寿星都有着深深的祝福。而小寿星也要学习把自身的喜乐与大家共享。

在自然中轻松呼吸

一天早上接到了一个朋友的电话，幼稚园的一个老师请病假，所以上午带孩子去公园需要家长帮忙。我听了很高兴地答应，心里正盼着当志工妈妈和孩子们一起去秋游呢！

从幼稚园到公园有一段距离，一路上英老师唱着柔和的歌，十几个小朋友两个一排，手拉手沿着小巷散步而行，遇到路人和街旁小店的店员都很主动地摆着小手天真地、大声地说“早安”。路人也都会停下脚步笑着回应，店员们也探出头来摆摆手。这一幕像阳光一样灿烂温暖。

幼稚园每周都带领孩子们步行穿越小巷去公园，这似乎比安排孩子们坐车去很远的地方郊游更有价值。孩子们在规律的时间走着固定的路程，一路上慢慢感受这个城市的熟悉与陌生，感受着随季节变化而不同的风貌，感受着人和城市温暖的相生……

这段距离对于孩子来说并不近，所以大的孩子要负责照顾小的孩子，他们总是紧紧拉住小的孩子的手，像小老师一样叮嘱催促着他们要快点；小的总是哥哥姐姐地叫着聊着只有孩子们会理解的话，偶尔有小小争吵反而让他们有机会学习对别人的等待和忍让，孩子们像一个大家庭里的兄弟姐妹相互帮助着、依靠着。

到了公园，大家七手八脚地铺好野餐垫，老师带孩子们去洗手，然后拿出每个人的水果盒，大家围成圈圈坐好。小袋鼠拉着我坐在她旁边，大家一起双手合一闭着眼睛念起感恩词：“感谢上天滋养万物，感谢为了这一餐提供帮助的所有的人，谢谢，请慢用。”稚嫩的童声却有着很大的震撼力，深深敲击着我的内心。

幼稚园并没有宗教信仰，饭前的感恩仪式是为了让孩子们从小就拥有对自然与人的感谢之心，而懂得内心感恩的人才能做到对自然和他人的真正尊重。

孩子们在大树下、微风中听着小鸟的欢唱，开心地彼此分享着不同的水果。吃完的孩子把餐具都交还给老师后就可以好好在公园中自由玩耍。他们可以在草地上尽情地奔跑，可以尝试爬爬那枝叶繁茂的老榕树，可以趴在栏杆上看湖里的乌龟，可以随意地玩树枝、捡树叶进行烹饪游戏，可以一直蹲在地上看蚂蚁搬食物，也可以寻找小松鼠的踪影……颖老师用大落叶折成一个漂亮的小勺，孩子们都兴奋地抢着要，然后用叶子勺来盛落花或小叶子。

幼稚园老师带孩子们来公园特意避开了有着游乐设施的儿童游戏区，只是放他们在自然环境中，孩子们自己就会寻找到最好的玩乐方式。在自然中轻松地呼吸，自由地玩耍对于城市里成长的孩子是多么的宝贵。

接近中午，老师们整队要回幼稚园吃午餐了，孩子们虽然玩得有些累了，走的速度比来时慢很多，但这时却是最好的意志力的培养时机。大的仍然对小的照顾有加，帮助老师拉小车的男生仍然很负责地卖力拉着。

护送孩子们回到幼稚园，我的任务完成了，孩子们挥手跟我感谢道别，小袋鼠跑过来和我抱抱，有点儿依依不舍。

回家的路上，我一直回味着一上午的所有感动……

老师来家

小袋鼠幼稚园为了增加老师对孩子的了解，所以每个学期老师都会陆陆续续拜访每个小朋友的家，这样对于老师在学校更好地引导小朋友是非常有帮助的。

小袋鼠一直听其他小朋友讲老师来家怎样怎样，非常羡慕，不停地询问我："老师什么时候来我们家啊？"在学校，她也经常问老师。于是，我和老师商量定好家访时间，安排在周末的晚上。

小袋鼠知道老师要来的那个礼拜一直很开心，嘀咕着老师来家要不要自己打棒球给老师看，还怕老师找不到要到楼下接老师。

家访当日早上，小袋鼠嚷嚷着要穿她挑的粉色洋装，因为这是个特殊的日子，所以要打扮得漂亮。小袋鼠并不是一个很爱打扮的小女生，很少穿裙子。从她主动选衣来看，她非常重视老师来家这件事。

下午4点半去接小袋鼠放学，并和老师约好，等老师到5点下班一起走。在等待过程中，小袋鼠和小朋友在院子里玩耍，我和妈妈们聊天。

不一会儿，小袋鼠跑过来心神不宁地说："妈妈，走吧，我们回家吧！"

"我们再等一下老师，和老师一起走。"

"不要，我们走吧，我们回家。"小袋鼠紧张地拉着我。

我很奇怪小袋鼠的催促。

"我们和老师约好了一起回家，老师不知道怎么去我们家啊。乖，再等一下老师就好了。"我猜小袋鼠是等得不耐烦了，安慰她。

小袋鼠看我没有丝毫挪动的意思，突然间号啕大哭："我……不要……不要……不要老师来家……"

我顿时傻了，原本很期盼的事怎么一下子就变成了抗拒。我把小袋鼠抱起来，离开小院站到巷子里，边安抚边试图了解她的想法。

"你不是一直都盼望老师来家吗？老师来家和我们吃个饭，聊聊天就回去了，不会留下来睡觉，今天晚上爸爸不在家，只有你和妈妈抱抱睡啊。"我试着把老师来家的概念具体化。

这招有点儿效果，小袋鼠停止哭泣，问："老师什么时候才会出来？"

"快了，老师一会儿就下班了，我们就走。"我把小袋鼠带回院子，去拿她的书包。小袋鼠紧紧地黏在我的身边。

我正考虑是否要先走时，老师出来了说："让你们久等了，不好意思，我们走吧！"

老师的话音刚落，小袋鼠立刻情绪崩溃地放声大哭。

聪明的老师马上跟我说："你们先走吧，我晚一点儿到。"

我牵着小袋鼠的手边走边说："我们先回去，老师要比我们晚很久才会到。"

小袋鼠看老师没有跟过来，才止住哭泣。

"宝贝，为什么哭啊？怎么不想让老师来家啦？"我很想知道到底发生了什么事。

“老师来家，很可怕。”小袋鼠边抽泣边说。

天啊，这是怎么一个心理变化的过程。我开始考虑是否要和老师改约时间。

刚走到一个小路口，就看见老师从另一条路走过来，小袋鼠立刻紧张兮兮。老师也看到我们，马上转过身往回走。

我决定带小袋鼠坐计程车快点回家，先稳定她的情绪，以免在公车站又碰到老师。

在车上我继续探究小袋鼠的内心。

“老师来家为什么可怕啊？”

小袋鼠并不能解释，只是一再强调很可怕。

我试图把“可怕”这个抽象的词语描述成具体画面。

“你是怕老师变成大怪物吗？”

小袋鼠笑了：“不是。”

“你是怕老师来家吃饭吃你的东西吗？”

小袋鼠摇头：“不是。”

“你是怕老师拿你的玩具吗？”

“不是。”

“噢？那是为什么？”

“我就是不好意思嘛！”

这时，电话响起，老师询问是否要改个时间等小袋鼠准备好再做家访。我回答可以照计划来，没问题了。

其实，我没有把握是否没问题，但是在这一刻我想带着小袋鼠去迎接她的挑战，带着她去跨越一个心理的鸿沟。因为我知道，老师是一个很懂孩子的人，在两个大人的掌控下事情并不会变得“可怕”，她不会有挫折感。这是她难得的一次战胜自己的机会教育，如果这时选择退缩，那么也许她对于老师来家这件事就会停留在自我想象中，那扇心门或许会关很久。当然如果换成没有那么了解孩子的别的大人，我可能就会真的改期了。

放下电话，我接着试图找到一个小袋鼠可以接受的方式：“噢，你原来是不好意思啊！那这样好了，老师来时，你就躲起来，让老师找你，你和老师玩躲猫猫好不好？”

小袋鼠立刻开心起来：“好啊，我躲起来，你不要告诉老师哟！”

一到家，小袋鼠立刻爬上大床用被单把自己包起来。

我笑着说：“宝贝，老师要很久才会来，你先玩吧，等老师按门铃时你再藏都来得及。”

小袋鼠钻出来跳下床：“妈妈，我要开音乐。”

安静的空间空气也会凝固，音乐确实是很好的放松剂。小袋鼠边听童谣边拿靠垫当鼓玩起来。

我终于脱身可以去厨房。我先为小袋鼠切了盘水果安抚她，然后开始给她煎饺子，给大人煮水饺。为了缩短在厨房的时间，决定汤也不做了，好在还买了两个凉菜，这样凑合招待老师一顿吧！

“叮——咚”门铃响了。小袋鼠“嗖”地钻进书房小屋关上了房门。

老师来了，我给老师使眼色，说她藏起来让老师找。老师很配合地演戏，小袋鼠躲在房间不肯开门。老师想办法拉近她们的距离，让她出来拿给她买的点心和小菜，让她带老师找冰箱。无论怎么诱导，小袋鼠就是不上当。

饺子稀里糊涂地就做好了，我已经顾不得好不好吃，一心想的都是小袋鼠。吃饭的当下，小袋鼠才肯出来，虽然有点儿不好意思，但在餐桌上情绪起伏并不是很大。

我和老师边吃边聊天，小袋鼠的心情也慢慢放松下来。

吃完饭，小袋鼠就着急地带着老师开始参观房间，给老师介绍她的玩具，表演打棒球翻跟头，终于恢复常态。然后和老师一起喝茶吃点心看相册，小袋鼠已经变得无拘无束、开心自在了。

老师看到时间已经8点就预告要走了，这样可以不让孩子太兴奋而打乱了正常作息。小袋鼠仍热情地让老师多看了一本相册。

老师起身告辞时，小袋鼠开始又有些紧张，我就不再坚持送老师出去。小袋鼠不肯和老师说再见，她关门的刹那神情，仿佛在说总算把可怕关在门外。

哎，这孩子，我不敢肯定我是否带她战胜了一次自我。

睡觉时，我搂着小袋鼠说："妈妈好高兴老师能来家里做客，我们聊得很愉快，妈妈很喜欢她来家里。妈妈也觉得宝贝也是一个热情的小主人，带老师参观房间、看玩具、看相册，宝贝真的很棒。"我谈着我的感受，希望给她多一些鼓励。

小袋鼠的感受力和想象力都很强，个性也比较敏感。也许从她的角度来想，老师初次来家是她无法掌控的，她并不能了解会发生什么样的事，她有太多的想象，而想象造成不安。对于小袋鼠来说，这和之前别的妈妈带小朋友来家或者我的朋友来家十分不同。老师不是小孩，不是她的玩伴，而是一个大人，一个和她有着紧密关系的大人，而且因她而来。这样的事情是第一次，会发生什么她无法确定。期待又怕受伤害，这也许造成了她的心理压力。

家对于幼小的孩子就像一个保护壳，是属于自己和家人的个人空间。小袋鼠又是一个对家人以外的大人会保持一定距离的孩子。要敞开保护壳迎接他人的进入，对于小袋鼠或许是很大的冲击，最后一刻她才强烈地感受到。

老公出差回来问老师来家的状况，我又当着小袋鼠的面给予她很多鼓励，并强调我真希望老师还能下次再来。小袋鼠跟没事一样地搭腔："对啊，下次来，妈妈可以做豆角焖面，不过得做两锅，老师不吃肉。"

如果老师下次再来，小袋鼠会怎么样，我并没有太多把握。父母在陪伴孩子成长时，牵着孩子的手或进或退的拿捏，需要不断地尝试和学习。

（后记：后来时隔一年多，老师再次来家时，小袋鼠虽然还是会不好意思，但已经不再有情绪的起伏。）

发芽蜕变

秋天的台北，艳阳高照时仍然热汗挥洒，只有毛毛细雨时才会感受到丝丝凉意。

小袋鼠说："妈妈，秋天，我怎么没什么感觉啊，和夏天一样热。台北的春天、夏天、秋天都差不多。"

台北不是四季分明的城市。

我和小袋鼠撑着伞走在点点雨丝中："宝贝，你感受一下风，风已经是凉的了。你看，虽然树没有变得光秃秃，但地上的落叶还是比夏天多了很多。"

我试图和小袋鼠一起寻找秋的蛛丝马迹。

"妈妈，我知道了，夏天下雨时会打雷，秋天的雨很安静，不会打雷。"

小袋鼠扬着小脸，一副思索后严肃的模样。

台北夏日多雷阵雨，而这些日子的秋雨都是很温柔地飘洒，没有伴随雷声的聒噪。

"春天、夏天、秋天、冬天，怎么每一年都一样啊，都是这样。"

小袋鼠对于四季的周而复始感到困惑。

“是的，每一年都有春夏秋冬，都会花开了花落了，但不一样的是你又长1岁了，而我又老1岁了。”我感叹岁月不会停下脚步。

进入秋天，进入10月，小袋鼠每天都在期盼着她5岁的生日，那是属于她一个人的节日。不巧生日当天正好赶上假日，幼稚园要提前几天给她庆祝。

生日前家长要给老师写一份孩子成长点滴的故事和一些成长照片，在庆生会当日妈妈还会带上亲手做的、健康的、无蛋无奶的生日“蛋糕”。另外，今年还要多带一个植物，花或盆栽都可以。

我提前多日和小袋鼠一起发小豆芽，小袋鼠每天惊喜地看着小豆发芽的点点变化。绿豆很快就有几个冒尖了，但红豆却没有丝毫动静。

庆生会的前一天早上，小袋鼠给小豆芽喷水时，开心地大叫，“妈妈，快来看，红豆也发芽了。”

“噢，太好了，红豆也发芽了，妈妈以为红豆发不起来了呢。”我也跑到窗台边。

看着红豆探出的小头，小袋鼠说：“妈妈，我像红豆，是慢慢地长大。”

孩子往往才是生活中的哲学家。

每个孩子正如一颗小豆在发芽长大。很多父母希望自己的孩子是绿豆，可以比别人早走路，比别人早说话，比别人早会数数，比别人早认字……希望孩子能快速拥有超年龄的本领和智慧。其实，孩子也许应该是颗红豆，需要时间等待，酝酿，再等待，再酝酿，才会发芽。

留给孩子一个内在转化的时间，只需在旁静静地观察和欣赏。

小袋鼠5岁的庆生会下午3点半，我、老公和姨婆到达幼稚园时，小袋鼠穿着生日长袍、头戴头巾和星星皇冠跑到门口，高兴地叫着我们。整个仪式温暖而宁和，小朋友们也都稳定安静地围成圆圈坐好。

我坐在又长大了1岁的小袋鼠身旁，虽然她的小手仍像去年一样牵着我，但已经不是紧张得一动不动。她已经非常熟悉每个环节，每个小朋友生日会的形式都是相同的，不同的是每个成长故事。

在老师讲小袋鼠的故事的时候，她不时地插话补充，一副自然确定的样子。她时而坐在椅子上把脚翘得很高，或放在我腿上，我不停地帮她把脚放下；她又时而把头上的星星“皇冠”扣在鼻子上当潜水镜，成为主角的不安、兴奋和紧张还是夹杂在一起。

仪式结束后，分享生日点心。我边吃自己做的松糕和米糕边和老师聊天，老师说她和4岁庆生会时的表现完全不一样，能感受到孩子像又脱了一层皮一样的蜕变成长。

我也是同样的感觉，小袋鼠更加成熟自主，更加清楚知道“我”“我在这儿”“我在做什么”“我要做什么”。

孩子每年的成长无论在身体、情感和思想上都像小毛毛虫的蜕变。

孩子的每次蜕变都持续地、默默地感动着我，这也许是上天给予每位母亲最好的礼物。

小小蜡烛

火对于人类是光明和温暖的象征，也是一种结束和新生的力量。那跳跃闪动的烛火，带给人一种安宁和祥和。晚餐时刻，如果有着烛光相伴，用餐的气氛立刻显得不同。夜在烛光下被装点得浪漫、平静、安宁，用餐的心也因此温暖平和。生日时对着小小蜡烛许下心愿，也成为一种跨越种族和宗教的美好仪式。或许，小小的烛光是心灵里一道温暖的指引。

小袋鼠幼稚园每日的吃点心时间都会为孩子们点燃蜡烛，随着蜡烛的点燃，“小小蜡烛闪烁亮，与你分享我的光”的歌声自然而然就会响起。虽然歌只有短短两句，但通过孩子们稚气的歌喉，就如同烛光一样闪烁，拨动着每个听过的人的心弦。

点蜡烛的时刻如遇到特别的日子，老师还会加入一些特别的含义。比如特地为生病的孩子点燃，希望他早日康复；为地震或水灾的受灾人们点燃，希望更多人平安获救……点好蜡烛，孩子们就跟着老师一起送爱心给需要的人。每天不需要老师的道德教育，孩子们在祝福中体会着美好。有时孩子还会向老师提出要求，要特别为自己的家人送上爱心。小袋鼠也曾经要求为我和爷爷送爱心，因为当时我们身体各自微恙。

一天早上，小袋鼠发现自己的大门牙摇了，她来到幼稚园就立刻欣喜地报告给老师。那天的点心时间，老师特别为她点燃小小的蜡烛，庆祝她即将掉落第一颗乳牙。孩子掉牙标志着孩子即将脱离幼儿期进入下一个阶段的成长，老师为这份成长点燃一份欣喜的希望和祝福。

“小小蜡烛闪烁亮，与你分享我的光。”老师每日慢慢点燃了孩子心底的那份爱，希望孩子在未来能把爱与他人分享。

我怎么这么爱你呀

幼稚园放学时每个小家伙都拿了一个老师做的小纸袋送给自己的妈妈。

我从袋子里拿出一个不织布小串问小袋鼠："这是你送给妈妈的礼物吗？"

"对啊，我做的母亲节礼物。"

"谢谢你宝贝，这礼物是什么啊？"

小袋鼠爬上攀爬架："不知道。"

小家伙要做的项链或挂饰并没有串完，我虽然知道但没有讲出来："噢，没关系。我还是很喜欢你送的礼物，谢谢你，我的宝贝。"

小袋鼠从架子上捡起一串从树上掉落的小果子："妈妈，你看还带着叶子的小果子，这也送给你。"

我把又一份最自然的礼物一起放入小袋子。

回家后我把礼物摆好拍照留纪念，小袋鼠在旁说："妈妈，我送你的是小鸟。你看这是鸟头，这是鸟尾巴。"

小袋鼠的小手在布上指来指去，她的想象力真是丰富。

"噢，是小鸟呀。嗯，我可以把它挂在我的包上吗？"

“好啊，妈妈。这样我在幼稚园的时间里你就不用太想我了。”

小家伙不经意的话语总像春风拂面般温暖。

“谢谢你。宝贝，我好爱你，我怎么会这么爱你啊，宝贝！”我抱住小袋鼠亲了一口。

接下来的假日是雨天，不能去户外玩就和小袋鼠在家做饼干。

小袋鼠把爱心形状的饼干从她的盘子放到我的盘子：“妈妈，所有的爱心形状的饼干都是我给你做的哟，你吃，我吃小熊形状的就可以了。”

我把小袋鼠抱在怀里：“谢谢你，宝贝，我爱你。”

小袋鼠笑意满盈：“妈妈，我也好爱你，我怎么会这么爱你呢，妈妈？”

晚上哄小袋鼠睡觉，想起前日放学接她，老师一见到我就笑着说：“她一直不停地嘱咐我，要把中午的炒饭盛到保鲜盒里，要带回家给爸爸妈妈吃。”

老师真的盛了一盒，那日我的晚餐多了一道小袋鼠的孝心便当。

我轻轻地拍了拍小袋鼠的手，笑着说：“宝贝，谢谢你昨天给妈妈带饭回来吃……”

“因为妈妈没吃过香椿炒饭啊，真的很好吃。”

我在小袋鼠的嘴巴、鼻子、额头各啄了一下：“宝贝，妈妈怎么会这么爱你呀？”

小袋鼠也两手扳住我的头在鼻子上回啄了一口：“对呀，妈妈，我怎么会这么爱你呀？”

吹蜡烛

小袋鼠6岁的庆生会上发生了一段小插曲。

这天，我们一家人都来到幼稚园为小袋鼠庆生。由于这是她最后一次在幼稚园庆生，我们都格外珍惜，到了吹蜡烛的时刻，老师把小小蜡烛一根一根点燃。在一闪一闪的、幽淡的烛光中，老师把小袋鼠和我请到中间小桌前。我搂着小袋鼠在大家的歌声中用力一吹，蜡烛全都熄灭了。

小袋鼠突然愣住了，随即大哭，边哭边对我生气地说：“谁让你把它都吹灭了，是我要吹的。”我也愣住了，对啊，她都大了，不需要我用力帮她吹了。

小朋友们此刻被突发的状况吓到，也都停止了歌声睁着大眼睛看着我们母女。我既尴尬又不知所措地喃喃地说：“对不起，宝贝，妈妈太用力了，妈妈只是想跟你一起分享这一刻。”

小袋鼠仍然生气地哭着；“那怎么办，都灭了，是我要吹的。”

是啊，小袋鼠才是生日的主角，尽管她是我生的。我又有些失落地说：

“妈妈不是故意的，你这样发脾气，我真的很难过。”

老师这时过来帮我们解围，说：“没关系，老师再帮你点上，你重新吹一次。”

我们坐回座位等老师把蜡烛再次点好。我坐在座位上懊恼不已，我太陶醉于分享孩子的每个重要时刻，而忘记真正的主角不是父母而是孩子。孩子长大的过程就是不断独立的过程，我这个母亲的角色应该不断地往后退了。小袋鼠再次被老师请回去时，我没有跟过去。

小袋鼠站在小桌前看到我没有过来，就回来拉住我的手，说：“妈妈，和我一起，我先吹四根，留下两根你来吹，好吗？”

小袋鼠的话让我感动不已，我忍住眼泪看着她把四根蜡烛一根接着一根小心吹熄，然后我把她给我留下的两根也慢慢吹灭。

小袋鼠总是细腻地在该牵我的手时不会忘记，而我要开始细心地学会适时地放手了。

爱心饼干

星期四晚饭后，小袋鼠问我："妈妈，你知道星期天是什么日子吗？"

我看了一眼日历迷惑地说："9月28日是什么日子啊？"

小袋鼠兴冲冲地说："很重要的日子，老师的节日啊！"

对啊，台湾的教师节和内地不同，台湾将孔子诞辰日定为教师节。

"谢谢你提醒妈妈，妈妈都忘记了。你想送给老师礼物吗？"

"好啊。"

"那我们一起做个礼物吧！可以做什么啊？"临时的提议让我一时也没了主意。

"不急啊，还早呢！"小袋鼠老神在在地说。

我忍不住笑了："宝贝，你星期六和星期天都不去学校，只有今天晚上做了，你明天才能带去啊！"

"哎呀，那我们现在就赶紧做手工吧！"

"你想做什么？毛线，羊毛，不织布？"我在努力搜索她可以参与的手工。

“我要做什么？让我自己想想。”小袋鼠跑进房间对我的各种手工材料四下探寻着。

“妈妈，你剪的爱心布呢？我想好了，我要做爱心饼干。”小袋鼠爬上凳子，小手翻找着。

“在这儿呢。”我把以前剪的爱心形状的不织布拿给她。

小袋鼠挑出了紫色和橘色两个颜色的爱心，选线时犹豫了一下才决定要橙黄色的。我帮她纫好针打好结，示范锁边的缝法。

小家伙按捺不住地说：“妈妈，我来我来，全部我都要自己缝。”她接过布很认真地一针一针缝着，不过嘴没停：“妈妈，你要提醒我绕圈圈哦。”“要不要塞棉花呢？我知道了，不塞，饼干是硬的脆的，所以不塞。”“妈妈，你看我一针一针，上针下针给老师做礼物，多辛苦。”“为什么老师要等很久才过一次节？”……说着说着自己还哼起小曲来。

虽然小袋鼠一针大一针小缝得非常不匀称，但看着她在灯下额头微微冒出汗、很耐心的模样，已经让我感到非常的满足。

缝好后，小袋鼠满心欢喜地把爱心饼干放进我钩的小篮子里：“妈妈，这是个小秘密哟，明天上学我要自己跟老师说，不要你来说，你讲得太大声，别人都会听到的。”

噢，小家伙还是很害羞。

“好的，你来说。”

星期五早上，我把老师叫出教室，小袋鼠把小篮子藏在身后，走到老师面前才伸出手：“老师，给你的礼物，爱心饼干。”小家伙讲得很小声，一脸羞涩。

毕业典礼

在每年幼稚园的第二个学期，这整个半年里，老师和要毕业的孩子们一起开始为毕业而做非常多的准备。

晨圈变成了关于小鸟离巢飞翔的歌曲故事，象征孩子长大了可以展开新的旅程。老师还用每周中两个下午的时间把毕业生聚集在另一个教室做一些特别的游戏。由于班级是混龄的，那些年纪小的孩子都趴在教室门口窥探老师带着大哥哥大姐姐在做什么。这些游戏更强调规则性，有着更清楚的界限，这是为孩子们进入小学而做准备的。

小袋鼠每次都很期待这些属于毕业生的游戏。她告诉我游戏非常好玩，十分希望老师每天都可以带他们这样玩。从这点上来看，小袋鼠脱离了幼儿的梦幻时期，已经完全“醒”来，她身心准备好进入更多的规则和头脑思考练习的阶段。

老师的偶戏台在特定的时间也开始开放给毕业生。老师每次会邀请两个孩子上来负责操偶，孩子们非常珍惜为全班表演的机会。每个孩子在偶戏台前都表情神圣而认真，这就是老师平日一点一滴灌入到他们内心的力量。在最后一个月，孩子们开始排练毕业典礼的歌曲和仪式。

为了6月底的毕业典礼，毕业生和老师还有着大量的手工要做。毕业生要自己设计毕业袋的图案，并把图案用不织布剪好手缝在布上；还要扎染自己的小抱枕套，然后为抱枕塞入棉花。

老师则要给每个毕业生做一个象征他们的手抱娃娃，连发型都跟孩子一样；要为每个毕业生做毕业相册，记录孩子在幼稚园的点滴生活；还要为毕业典礼特别染彩虹桥，为毕业生做手染的毕业小披风……我们家长看到大量的手工需要老师用到很多下班时间，当然责无旁贷积极地参与帮忙。我也把小披风拿回家帮忙缝制。

为了让父母都能参加孩子的毕业典礼，幼稚园特地选择星期六举行。在典礼前一晚，幼稚园还举办了热闹的餐会，每个家庭都会带来一两道菜。老公为了小袋鼠人生的第一个毕业典礼，也推掉工作全力配合。餐会那天，我们夫妻都下厨特地各自准备了一道菜带到幼稚园去。小袋鼠到了学校就得意地宣告："我爸爸也做了一道菜哟。"在特别的日子，我们夫妻都会非常用心，尽力地为孩子做些力所能及的事，让她充分感受到我们的爱。

在喧闹欢愉的聚餐隔日就是隆重的毕业典礼了。华德福学校的所有典礼都不会华丽喧闹，而是神圣静谧，充满美感，典礼不拘于表面形式，而更重视深刻寓意，是为了给予孩子心灵上最大的支持和滋养。

毕业典礼当日，我们毕业生家庭分好小组先到某一个家庭集合，买些鲜花一起为孩子编制美丽的花冠，再去幼稚园。典礼由老师的歌声开始，毕业生很快就座，家长和年幼的孩子站在后侧观礼。

老师带领头戴花冠、身披粉红小披风的毕业生在歌声中一个一个独立走过“彩虹桥”。通过彩虹桥，象征着孩子要进入人生下一个重要阶段了。孩子走过彩虹桥后，老师俯在他的耳边轻声说着给予这个孩子的祝福。然后在校的弟弟妹妹会送给毕业生一枝纯洁美丽的花和他们做的临别小手工礼物。

接着，是老师的偶戏时间。毕业典礼上的偶戏，小袋鼠幼稚园通常都是选择《白雪公主》的故事。这个故事隐喻着孩子即将迈向进一步的独立，而母亲对于孩子的影响逐渐后退。

偶戏故事后，毕业生一起围成圈唱着一首歌，歌曲中孩子的队形动作有着比平日稍复杂的变化，这寓含了孩子对于自我和群体之间的关系有了更清晰的认知。

最后，毕业生邀请一个家长陪同一起接受毕业证书和毕业礼物。小袋鼠选择了比较少参与学校活动的爸爸来陪伴。我这个妈妈只好当摄影师围观。

毕业证书是由每个孩子自己的湿水彩画印制而成，非常美丽。毕业礼物是孩子、老师、家长共同协力完成的一个扎染抱枕、一个帆布提带、一个手抱娃娃、一本手工相本。在老师一番感性的祝福中，很多妈妈都流下了眼泪。妈妈们不由自主地共同唱起了一位家长所写的一首感谢老师的歌，老师也在歌声中流下了热泪。

小袋鼠好奇地问我：“老师和妈妈们为什么哭啊？”是啊，对于大人，毕业代表着离别，代表着对往事的不舍与感伤。而对于孩子，毕业代表着又有一段欣喜的未知即将展开。真希望我可以像孩子一样永远保持着喜乐之心去看待未知的生活。

后记
女儿印象

转眼之间，唯一的女儿悄然告别如花似玉的浪漫少女年代，已经成为人母！因为时间与空间的距离，拉大了我们父女的间距，但借由她写在博客里关于外孙女成长的文章，我慢慢地读懂了她，从而缩短了我们之间的这种距离。但为她的书做后记，很难，因为与我的音乐职业无关，只能说说女儿印象了。

以往可以被颠覆

1992年，雪宁在我的鼓励下，创办了中国第一家明星经纪公司“蓝月明星经纪公司”，开始了艰难而又风生水起的创业之路。她又当杂志编辑，又干企划宣传，又做经纪人，还要写词创作、进棚录音、宣传打榜、演出走穴……逐渐被业界熟知认可。不少歌手的推出都得力于她的努力，同时她也支持着我的音乐生活。令我高兴的是，在业界，她与我之间的角色关系由“付林的女儿”转变成“雪宁的爸爸”。

后来，雪宁由于与齐秦、任贤齐、苏芮等台湾歌手的合作，而认识了同在音乐圈的她的另一半并结合，也因此改变了她10年形成的人生创业轨迹，她在孕育自己宝贝的那一刻就毅然决然地完全脱离了娱乐圈。至今，仍有不少朋友说她可惜了！她为爱脱离了原轨，开始长住台北，与我所坚持的音乐圈说“拜拜”了！娱乐圈、唱片业少了她无关紧要，但是我确实少了个流行音乐可靠的助力器！她也颠覆了自己苦心经营的生活，而创造了另一个属于她自己的新天地，没有父母压力的自由生活空间！

生活可以放慢脚步

虽然各处两地，但网络使我们父女俩还有些交流。我逐渐发现她与大陆文化渐行渐远，与快板生活的我毫不相干。她还给自己的微博起了个“雪宁的慢板生活”的名字，与我的意识相悖！在我60年生活中形成的固化观念里，认为无所事事、无所作为才是慢板呢，而慢板离停板就不远了。我开始真有些不解甚至愤怒，女儿怎么会不求上进了？这分明是一种堕落。

2011年5月，我随中国音乐家代表团去台湾参加两岸“合唱节”当评委，在台湾走了不少地方，有机会观察到台湾人的生活，最后到台北参加宋祖英“小巨蛋”体育馆演唱会，看到女儿建立的不大但很舒适而知足的家庭，我才觉得她选择了一个属于自己的幸福的新生活方式。说相夫教子有点儿小了，她很自由、自主、自在，清空以往，摆脱那些纷纷扰扰、争名夺利、浮世华态，进入并不斑斓、并不奢侈，但很自然、很清静、很淡定、很自我的世界！这也是许多年轻人追求的安逸情致。她在放慢的脚步中，可以静观世界，学会生活，分享生活。在她的文章里、照片中，“一花一木一世界”，我感受到她那点点滴滴的思索，感受到她对人生境界的追求。我开始理解她了。退一步说，让女儿过自己想要的生活，何乐而不为呢！更何况她还把生活经营得有滋有味！

爱可以细雨润物

我们这一代对爱的表达比较简单化，甚至在教育女儿时还有打骂吼。我的自我表白解释：打是亲骂是爱！但是雪宁的教养观念完全不同于我们这一辈的“不打不成器”的教育方式，也不同于现在年轻人对于孩子的娇惯和放纵。从她生下女儿后的每一次回京，我都感受到她对女儿是那么细心爱护和用心养育。

雪宁对孩子的一哭一笑、一举一动都观察细微，呵护备至。她对于孩子的养育一直都亲力亲为，绝不依靠长辈或保姆。因而，小外孙女从小就非常独立，会思考判断、动手做事。小外孙女3岁就会把门口乱放的鞋子摆正，主动扔掉我的空烟盒，帮助姥姥拖地，还管我开车按喇叭、过马路要看灯，每顿饭她们母女还会一起默念感恩的话……每次周末的越洋电话，都会得知她们又安排了亲子活动。回京后，她也会安排几次带着小外孙女去采摘、滑雪之类亲近自然的户外活动。而她对于孩子的每次哭、每次笑、每次提问，都有抚爱，都有解答。她非常关注孩子身心灵的平衡发展。总之，从小外孙女身上处处可见雪宁调教的用心。她尽量避免说教，引导启发着孩子，并像对待大人般尊重孩子，让爱融进孩子幼小的心房。我很欣慰，在她的养育下，小外孙女成长为一个身心健康、活泼、独立，有着广泛爱好和自我特质的孩子。

读书可以带来自我成长

有一次，我看到龙应台的《目送》，将文章发至女儿的邮箱。她回信说：“爸爸，龙应台的大部分书我都已读过。”这让我汗颜，原来，她在台北除了带孩子，很少看电视，时间主要用在读书和上课上。她说台北的许多家庭主妇都是硕士、博士，那里的学习环境很好，在公园、咖啡屋处处可见读书的身影。她以读书为喜、以文字为好，难能可贵。

读书很闲很雅，所以雪宁的涵养、见识也就今非昔比了。她在台湾10余年的生活，在从职业女性转化成全职妈妈的过程中，从来没有放弃过自我的成长与学习。她并没有因为角色的转变而脱离社会，也没有变得眼光狭窄，她对于人生、对于世界有着更深层的感悟和超然。她成熟了，可以立言著书了。知识从眼睛捕捉而来，体会从心灵碰撞而来，她独立的人格和放慢的生活造就了她的思想性格和文学性情。为此，我相信她和期待她，一个知识女性的未来！我们父女可能因音乐而分道扬镳，也许会因文学而殊途同归！

“一旦让你开始，就无法再结束”（摇滚歌手歌词）。祝愿雪宁与她的书。

付林

图书在版编目（CIP）数据

爱和陪伴 / 雪宁著. -- 2版. -- 北京：中国妇女出版社，2018.1
ISBN 978-7-5127-1519-6

Ⅰ.①爱… Ⅱ.①雪… Ⅲ.①家庭教育 Ⅳ.①G78

中国版本图书馆CIP数据核字（2017）第217791号

爱和陪伴

作　　者：雪　宁　著
责任编辑：应　莹
封面设计：尚世视觉
责任印制：王卫东
出版发行：中国妇女出版社
地　　址：北京市东城区史家胡同甲24号　　邮政编码：100010
电　　话：（010）65133160（发行部）　　65133161（邮购）
网　　址：www.womenbooks.cn
法律顾问：北京天达共和律师事务所
经　　销：各地新华书店
印　　刷：北京通州皇家印刷厂
开　　本：165×235　1/16
印　　张：14.5
字　　数：170千字
版　　次：2018年1月第2版
印　　次：2018年1月第1次
书　　号：ISBN 978-7-5127-1519-6
定　　价：36.00元